Ⓢ新潮新書

氏原英明
UJIHARA Hideaki

甲子園は
通過点です

勝利至上主義と決別した男たち

JN018868

920

新潮社

はじめに

変革の足音が近づいている。

始まりは二〇一九年夏、「夏の甲子園」こと全国高等学校野球選手権大会が「百一回目」を迎える岩手県予選でのことだった。

決勝に進出した岩手県立・大船渡は一六三キロを投げ込むと評判だったエース、佐々木朗希（ロッテ）の登板を回避したのだ。

甲子園を目前にした決勝戦でエースが投げない。つい十年ほど前は考えられないことだった。

この十年を思い返して鮮明な記憶としてあるのは、二〇〇八年夏の甲子園決勝戦だ。大会中に左肘の痛みを覚え、まともなフォームで投げられなかった常葉菊川のエース、戸狩聡希投手が決勝戦のマウンドに上がった。

当時の指揮官・佐野心監督は「マウンドに立っている以上、痛いもかゆいもない。一生懸命やるのが男の美学」と語ったが、戸狩はそのマウンド上で、肘の痛みに耐えかねて何度も悶絶した。

エースの宿命。当時はそれが当たり前だった。

しかし、十年の時を経た岩手県大会決勝戦では、この試合に勝てば公立校の悲願が叶うという試合でエースが先発しないということが起きたのである。

この試合後に、大船渡の監督・国保陽平が語った言葉は、日本の指導者に新たなマインドが生まれつつあることを象徴するものだった。

「故障を防ぐためです。どこが痛いというわけではなく投げられる状態でしたが、三年間で一番壊れる可能性の高い試合だった。後悔は特にありません」

もちろん、賛否はあった。むしろ否の方が多かったかもしれない。

高校生の夢を潰すのか。

監督のエゴだ！

地元の夢は？

ＯＢの悲願は？

選手は納得しているのか？

その批判の多くは、「夢」「悲願」という情に訴えかける言葉を使って、その正当性を語っていた。言い換えれば、それしかなかった。選手の身体を第一に考えた国保監督と同じ土俵に立った意見で反論をするものは誰一人いなかった。

そもそも、国保監督はその一試合だけをみて采配をしているわけではなかった。この大会における佐々木の投球数が想定を超えてしまっていたから、登板させるわけにはいかなかったのだ。

決勝戦の前日の準決勝戦に先発した佐々木はこの試合で完投勝利をあげ、一二九球を投げている。その三日前の四回戦の盛岡四高戦では延長十二回を一人で投げ抜き、一九四球完投勝利。つまり、決勝戦で先発していれば五日間での投球数が五〇〇球にのぼることが簡単に予想できたのだ。

それでもエースをマウンドに上げるのが、これまでの高校野球の文化であり、美学だった。

国保監督はそうしなかった。大一番を前にしての大英断には新たな時代の訪れを感じたものだった。

この一件から二日後の同年七月二十七日、東京・大手町にある日経ホールにて「SPORTS X Conference 2019」が開催された。

同イベントは、スポーツに関わるあらゆる分野の識者がスポーツの魅力を世界に向けて発信する、という主旨のものだった。二日間あるプログラムのうち一時間を利用して行われたのが「100球制限は必要なのか。——科学とリアルから考える」と題したセッションだった。

同セッションでは、はじめに国学院大学の准教授でバイオメカニクスの博士号を持つ神事努（ネクストベース社）が講演を行い、そのあとで識者を集めてのディスカッションを行った。登壇したのは神事のほか、全日本野球協会医科学部会長でスポーツ整形外科医の渡辺幹彦（東京明日佳病院院長）、沖縄水産の元投手で甲子園準優勝の実績がある大野倫、慶應大学野球部の元助監督・林卓史だった。私もモデレータとして参加した。

当然、ディスカッションでは、佐々木の登板回避のことが議題になったが、登壇した識者たちは一様に理解を示した。

九一年夏の甲子園で投手として準優勝しながら、疲労骨折、靭帯損傷、遊離軟骨などの症状で投手生命を絶たれた大野は〝大英断〟をこう歓迎した。

「大船渡の佐々木くんの起用法は、高校野球が変わった瞬間なのだと思います。プレイヤーズファーストを高校野球界は考えないといけないと」

さらに、日本高野連が二〇一九年に立ち上げた「投手の障害予防に関する有識者会議」のメンバーである渡辺もこう続けた。

「高校野球の監督もプロフェッショナルな意識を持つ。結果を気にせずに過程を大事にする監督さんが出てきたなと思った」

旧態依然とした指導や起用法を続けてきたこれまでの判断が正しいと見るのか、国保監督の決断を正しいと評価するのか。その判断は、これからの野球界にとって大きな意味を持つ。同年のドラフトで佐々木はロッテからの指名を受けてプロに入団したが、彼が活躍すれば、いずれあの夏のことはまた議論になるだろう。語り草として、彼の登板回避を思い起こすことも、議論されることも、あるに違いない。

大野はこう訴える。

「疲弊して、打たれて、マウンドでうずくまって、甲子園で散る。それは感動ではなくて同情です。僕が小さい頃、清原さんのホームラン、伊良部さんの豪速球を見て、すごいと思った。甲子園で見たいのは、一六五キロを連発する大谷くんのようなプレーであって、一三〇キロしか投げられなくなった投手が打たれる姿ではない。ベストパフォーマンスのプレーが人々を感動させるのです」

かつては誰もが「甲子園絶対主義」を信じ、甲子園を巡る感動こそが正しいものとされてきた。十年前の大会では、それは当たり前のことだった。

しかし、高校野球は変わりつつある。

前著『甲子園という病』の中で私は、本を出すのは指導者や高校野球を支える関係者の方々を批判し、つるし上げるためではない、と書いた。停滞させることではなく、現状を認識して、前進すること。大事なのはそこだ。本書で国保監督の采配を最初に取り上げたのは、そうした意図からである。

『甲子園という病』を出してからの三年間は、変革を追う日々だった。自分の本の影響力を過信するつもりはないが、それでも前著の発売後、高校野球を批判する記事が目立って増えたのは確かである。PV至上主義、視聴率至上主義、炎上商法がまかり通る今の時代、ろくに取材もしないで書かれた記事も少なくなかった。

本書で紹介する指導者や高校野球関係者、選手それぞれの試みは、これからの高校野球界の光になる。これを伝えなければ、また高校野球は逆戻りしてしまう。そんな思いから本書を書いた。日本中のどこかで、勇気を持って行動しようとする指導者や選手が出てきた時、この本が彼らの背中を押すものとなってくれることを願う。
　エースの県大会決勝戦登板回避は大きな変革だったが、耳を澄ませば変革の足音は日本のあちこちで聞くことができる。

本文中の肩書は取材当時。敬称略

甲子園は通過点です　勝利至上主義と決別した男たち——目次

はじめに　3

第1章　新潟県高野連はなぜ、球数制限導入を決断したのか　15
日本高野連の反対も織り込み済みで、独自の「球数制限」導入に踏み切った新潟県高野連。その決断は、県が独自に進めてきた野球界改革の延長線上にあった。

第2章　「甲子園」に取り憑かれた鬼軍曹の改心　34
〝伊丹一のワル〟坂本勇人を育て上げ、プロに送り込んだ金沢成奉監督。厳しい指導で知られた彼が、コロナ禍で甲子園を失い、悩んだ果てに見出した新たな指導法とは。

第3章　「プロでは大成しない」甲子園強豪校の代替わり　55
前監督が甲子園の史上最多勝利記録を持つ智弁和歌山は、ひそかに「選手がプロで大成しない学校」と言われてきた。後を引き継いだ元ドラ一プロ、中谷仁監督の挑戦。

第4章　メジャー帰りのトレーナーと進学校がタッグを組んだ理由　74
一日わずか五十分。広島の武田高校は、短い練習時間に「考える時間」をプラスすることで、チーム力を向上させている。それを支えるのは、プロも一目置くトレーナーのノウハウだ。

第5章　激戦区の公立校からはじまった「球数制限」と「リーグ戦」　96
「複数投手制」の徹底で成績を上昇させた神奈川の県立高。私立優勢の大阪で、公立高が組んで立ち上げた「リーグ戦」。出発点にはどちらも、ある中南米帰りの男の姿があった。

第6章　丸坊主を廃止した二つの私立強豪校　118
菊池雄星と大谷翔平を生んだ花巻東。甲子園八度出場を誇る新潟明訓。両校は、ほぼ時を同じくして「丸坊主」をやめた。その決断に至るまでの、それぞれのロジック。

第7章　サッカー界「育成のカリスマ」の試みから見えるもの　142
時に真逆に見えるほど文化が違うサッカーと野球。本格的な設備を擁する民間クラブを立ち上げたサッカー界「育成のカリスマ」の言葉が、野球界の課題を照射する。

第8章　テクノロジーが、選手を強くする　162
データの活用なくして、選手の成長はありえない。その流れはプロのみならず、高校野球界にも及んでいる。テクノロジーを味方につけて進化を続ける高校生投手の「異次元の言葉」。

おわりに　183

第1章　新潟県高野連はなぜ、球数制限導入を決断したのか

歴史的な発表を控えた一週間前、新潟県の十一の加盟団体で構成する新潟県青少年野球団体協議会（NYBOC）の副会長を務める島田修（のちに新潟明訓監督）は、県の高野連の幹部たちから知らされた事実に目を丸くした。

「日本高野連には伝えてあるんですよね？　え？　本当に言ってないの？」

自身も二年とはいえ、県高野連の専務理事を務めたことがあったから、その行為がどんな意味を持っているのかを理解していた。

それでも新潟県高校野球連盟会長（当時）の富樫信浩は「日本高野連に伝えたら潰されるだけだ」といって強行した。

二〇一八年十二月二十二日、新潟県高野連は、県の野球関係者が集まる「NIIGATA野球サミット2018」の席上で、翌年の春季大会において「球数制限を導入す

る」と発表した。日本高野連はおろか全国に先駆けた先進的な取り組みであり、新潟県単独の革命に打って出たのである。

「富樫さんは行動力のある人なので、(球数制限を)やるぞということでみんな一つになった。でも、日本高野連に伝えていなかったのは本当に驚きました」

島田の心配をよそに高校野球における歴史的な発表は行われたのだった。

登板過多を問題にしない日本高野連

二〇一〇年代以降、高校野球の舞台において「投手の登板過多」が話題に上がるようになった。二〇一三年のセンバツ大会で、済美の安楽智大投手(楽天)が二回戦の広陵戦にて二三二球の完投勝利を演じ、「クレイジーだ」と米メディアが報じたことが事の始まりだ。

その後、二〇一七年のセンバツ大会では、五人の投手が一試合一九〇球以上を投げた。これは翌年からのタイブレーク制度導入の契機となった。

そして、二〇一八年夏の甲子園ではこれまた済美の山口直哉投手が一試合一八四球の完投。金足農業の吉田輝星投手(日本ハム)は一試合の投球数こそ山口に及ばなかったが、県大会から甲子園の決勝戦五回までを一人で投げ抜き、一ヶ月あまりで一五〇〇球以上を投じ、話題となったのだった。

それでも、日本高野連は投球数を問題視していなかったから、新潟県高野連が先んじて球数制限の導入を始めようとしたというわけである。本丸を差し置いて、地方の高野連が乗り出した改革に世間はあっと驚いた。

結局、日本高野連との協議によって、新潟県はこの決定を翻すことになるのだが、新潟県高野連のこの動きを受けて、日本高野連は球数制限の本格導入へ動くことを決定した。タイブレーク制度を導入した際には「球数制限は検討しているものの、すぐにということはない」と断言していた中での急展開だった。日本高野連は二〇一九年四月「投手の障害予防に関する有識者会議」を発足させると、四度の会議を経て、二〇二一年に球数制限ルールの運用が始まった。地方が本丸を動かした一大事件と言ってよかった。

それにしても、不思議だったのは、高校野球界にとって歴史的なルール変更が弱小県と言われる新潟県の行動からだったという点だ。新潟県は二〇〇九年夏に日本文理が準優勝に輝いたとはいえ、まだ紫紺（春）も深紅（夏）も優勝旗を手にしたことがないのだ。

新潟県高野連には何が起きているのか。球数制限を画策したその動きの中心となった人物たちのもとを訪れた。

新潟県高野連のキーマンは語る

「引くつもりはなかったですね。日本高野連がこれからも『球数制限に対して動かない』姿勢であるなら、新潟県単独でもやろうと思っていました」

新潟県高野連会長の富樫はそう語る。球数制限ルールの導入を一番先頭に立って主導してきた人物だが、球数制限の導入を発表後、メディアを通して日本高野連の反対をモロに受けても、一向に強気の姿勢を崩さなかった。富樫によれば、日本高野連から説明に来ることまで求められたという。

「校長の身分である私が学校を離れて出ていくことはできない。話を聞きたいなら、来てくださいという話をしました。ひとまず、県の理事長に来て欲しいという話だったので、杵鞭義孝専務理事には説明に行ってもらいました。火だるまになるだろうから、『連盟で機関決定したこと』と説明するように話しました。そしたら、これじゃダメだということで、そこから日本高野連との本格的なやりとりが始まりました」

当然、その席では決定を取り下げることを求められたが、富樫からすれば予測の範疇だった。そもそも、この重大なルール決定を日本高野連に一言も連絡をしなかったのは「認めるはずがない」と踏んでいたからだ。

ここからが富樫の真骨頂だ。球数制限ルールの導入撤回の引き換えとして、日本高野連が新たに球数制限の導入に取り組むことの約束を取り付けたのだ。

富樫はいう。

「日本高野連が動きを見せないのであれば、引くつもりはないという話をしました。新潟県単独でやると。日本高野連には『それは困る』と言われました。僕は日本高野連にルールを変えてほしくて、新潟に球数制現を導入したわけではないんです。高校野球が日本の青少年の健全育成に寄与してきた部分は大きいと考えてきました。そうした自覚を持って、いろんな施策についても、都道府県でやっていくべきと。春の大会限定で球数制限を実施し、その上で検証して、データを日本高野連にあげますという趣旨もあった。それをもとにして、新潟県の青少年のあり方を考えていこうじゃないか、と。だから日本高野連にお伺いを立てる話ではない。我々からすれば、球数制限が取り組んでいることのゴールではないんです」

そもそも新潟県高野連には県の野球界全体で目指す方向性があり、球数制限はその指針の一つにすぎなかった。球数制限は取り組みの根幹に置かれたものではなく、新潟県の野球界が抱えている問題に対する対処法の一つに過ぎない。

富樫は力を込めていう。

「今、野球界がどのような状況に置かれているか。人がいないんです。野球をする子どもが。『甲子園で勝つことを目指す』という目標を掲げるだけでは、野球が魅力的なものであると思ってもらえないんです。親御さんたちに（高校野球をやれば）こんないいことがありますよって、訴えていかなければいけない。だから、新潟県では青少年のためになる団体を立ち上げて、いろんな取り組みの中で高野連の覚悟を発表した方がいいという判断なんです。我々は子ども達の将来を考えるべき立場にあるわけで、このままでいいという考えは持っていないんです」

富樫の言葉でわかるように新潟県は全国に先駆けた取り組みをやっている。その取り組みとは県内の青少年の野球団体をひとまとめにして活動をともにするというものだ。団体の名称は新潟県青少年野球団体協議会（NYBOC）という。わかりやすくいうと、高校野球を頂点として、サッカー界のような縦の繋がりのある組織を県で形成している。

県内にある高校生以下の世代の競技団体と、医療グループで形成する「野球障害ケア新潟ネットワーク」など十一団体が加盟している。

加盟団体は高野連と野球障害ケア新潟ネットワークのほかに、新潟県野球連盟、新潟県スポーツ少年団、日本リトルリーグ野球協会信越連盟新潟ブロック、日本リトルシニア中学硬式野球協会信越連盟新潟ブロック、日本ポニーベースボール協会関東連盟新潟ポニーベースボールクラブ、全日本少年硬式野球連盟北日本支部新潟ヤング、新潟県中学校体育連盟軟式野球専門部、日本少年野球連盟長野支部新潟ボーイズ、新潟県女子野球連盟である。

もともとの団体結成のきっかけは二〇〇九年に完成した新潟県立の野球場「ハードオフエコスタジアム」の設立からの流れを受けている。二〇〇八年以前、新潟県には県立の球場が存在しなかった。これは全国的にも稀なことで、県野球連盟の有志たちが県立球場設立を求める署名運動を行った上で県に懇願。それが通ったのだ。

県立球場の設立は、二〇〇二年の日韓ワールドカップの誘致や二〇〇四年の中越地震の影響などで頓挫しかけたが、県の野球関係者にとっては、長い年月をかけて実現にこぎ着けた悲願だった。

縦の連携

野球場の建設を目指す過程のなかで、新潟県の野球界は未来を考えるための組織として「新潟県野球協議会」を設立。そこにはプロ球団である独立リーグの新潟アルビレックス・ベースボール・クラブも加盟し活動していたが、青少年の健全育成への障壁がいくつかあり、そこで富樫や中体連軟式野球専門部の石川智雄（現・新潟県青少年野球団体協議会副会長）らが中心となって「普及育成部」を作ったことが「新潟県青少年野球団体協議会（NYBOC）」の母体となっている。

中学野球のリーダーとなって高野連の富樫との連携を強めた石川が設立意図を明かす。

「新潟県野球協議会は球場ができあがった後の運営を話し合う場でもありました。私も理事で入れてもらいましたが、野球場の利用調整やプロ野球招致などの話題が中心でした。その中で、下の層のことを考えないといけない、と『普及育成部』を作ろうという話になりました。野球は道具が高いことなど様々な理由で、学童野球の人口が減るという予測が出来つつあったんですよね。親御さんが野球をさせなくなってきているのが見えてきて、いろんなことを考えなければ、と動き出したんです。僕と富樫さんは草野球を一緒にやっていた頃からの知り合いだったのもあり、富樫さんから『俺たちがいる間に、改革を進めていこう』と言ってもらい、最初は高野連と中体連でしたけど、どんどん広めていきました」

もっとも、新潟県青少年野球団体協議会の改革が始まる以前にも、中・高校の連携は水面下で行われていた。富樫―石川の関係性が良好だったことや長く新潟明訓高校で監督をしていた佐藤和也（現・新潟医療福祉大学硬式野球部総監督）の積極的な働きかけがあり、中・高校の指導者の底上げが行われていたそうだ。

石川は話す。

「あまり表には出てこないですが、佐藤和也さんの影響も大きいです。佐藤さんは内々に、新潟県の野球を強くするには、中学の先生が野球を熟知しているという形を作らなければいけないと話していました。高校が上で中学の指導者が下という関係ではなく、野球のことは中学の指導者の方が知っているぞという風にすれば、高校の先生の方が、やばい、勉強しなきゃいけないってなる。二十年以上前から、若手の指導者を対象に、野球の how to じゃなく、身体のことやメンタルなどについて指導をしてくださっていたんです」

改革派の富樫と石川が手を携えた団体は、水面下では公的な形で活動していくことができた。のちに県高野連の専務理事を務めた島田を加え、中・高が連携しての活動はより具体化していった。

当初の取り組みでいうと、「本物を体験させるため」の企画として、県内の中学生八十人をバス二台に乗せて甲子園球場に連れて行った。試合観戦はもちろん、県代表の割り当て練習の見学をした。新潟県代表チームが利用するホテルに宿泊したこともある。また、新潟県大会の開会式に中学生を参加させ、球児にエールを送るなどの交流も行った。

中体連軟式野球専門部には、石川がトップを務めた軟式野球の部活だけでなく、硬式野球のクラブチームも存在する。青少年野球団体協議会ができたことで、それら全てを含むことができるようになり、団体は加速度的にまとまりを得て行ったのだった。

高野連を旗頭とした「新潟県青少年野球団体協議会（ＮＹＢＯＣ）」はそうして、日本サッカー協会のような三角形の図式を形成することができた。

そんな団体の連携を強め、大きく前進させた試みの一つに、野球手帳の作成がある。

野球手帳とは少年野球の子どもたちに肩肘の故障予防を呼びかけるもので、予防法やストレッチの方法などが明記されている。学童の少年野球の肩や肘の健康問題が明らかになり、医学チームと協力しあって作り上げた。これを県内の小学生から中学三年生までに無料配布した。

富樫はこう話す。

「高校野球にはアウトオブシーズンという規定があります。十二月～三月までは試合ができない。しかし、その下の層を見ていると、新潟県は雪国のために県内で試合はできませんが、関東までいって試合をしていたんですね。学童野球のほうに取り組まなければいけないだろう。そういう動きがあった」

県高野連のトップである富樫が学童の実情を知ったのは、新潟リハビリテーション病院の山本智章院長らが主催したシンポジウムに参加してからだ。子どもたちの野球肘障害の実態を知るとともに、体を見る医者と現場の指導者の考え方に乖離《かいり》があり、その差を埋める必要を感じたのだ。

当時は子どもが「肘が痛い」と言えば、医者は「練習の全てを休め」というのがほとんどだった。そのため、指導者は医者の存在を嫌っていた。実際には、医者の全てがそういうスタンスだったわけではなく、医療と現場のコミュニケーション不足が問題だった。シンポジウムでは理学療法士も加わり、両者の溝は埋まって行ったのだった。

そのシンポジウムの際、「高知県で野球少年たちに配布しているという野球手帳がある。これをやりませんか」と呼びかけたのが石川だった。

当時の高知県には小中高校連絡会議というのがあり、小学生に野球手帳を配布していた。そこには故障歴などが記載される項目があり、高知県で野球を続ける選手たちはどのカテゴリーでも履歴を確認できたのだ。

石川はいう。

「新潟県は弱いのですが、障害予防を『強化』の位置付けにしたらどうだという話になりました。どんないい選手も一年で潰れたら強化にならないという考えが、新潟県全体に浸透するようになりました」

これらの取り組みは二〇一二年、「公益財団法人運動器の健康・日本協会　運動器の10年」の最高権威にあたる日本賞を受賞した。同団体の取り組みは成果を見せた。

そうした賞を受けたことで（賞を受けたのは「新潟リハビリテーション病院」）、新潟県青少年野球団体協議会はより加盟団体同士の関係性を深めていく。連携を深める過程では、新潟県が抱えている問題なども話し合われた。

二〇一六年には同団体がそうした取り組みを一冊にまとめた「新潟メソッド」を発行。新潟県の野球の現状把握とともに、進むべき道が明示されている。競技人口が恐ろしいスピードで減少する中で、どのような取り組みをしていくべきか、などである。それぞれのカテゴリーに課題や方向性がある中で、それらを話し合ったのが「NIIGATA野球サミット2018」だった。同団体や保護者などが集まるその席で、新潟県高野連が「球数制限を実施する」という発表に至ったというわけである。

ここまでの流れを見れば、新潟県がなぜ球数制限を発表したかが理解できるだろう。新潟県は高校野球では弱小県と言われながら、その強化方針を「甲子園で勝つこと」だけに執着せず、その先を見据えていた。

野球界は周知のように各団体の利権がぶつかり合っている。しかし新潟県は、高校野球連盟を中心に大同団結して一つのグループを形成。これは全国でも初めてのことで、彼らの団結力こそ、野球界に求められている姿勢とも言える。

富樫はいう。

「球数制限を発表した時、僕らに同調した都道府県連盟はなかったんです。しかし、今は少しずつ温度差が出てきている。僕が言いたいのは、十年後二十年後を見ていますか、ということ。高校野球がなくなることはないです。しかし、今いる、その学校から球音がなくなることは、遠くない将来ありますよ。その時になって、さぁ、どうする？　では困るんです。いろんな角度から子どもたちの将来、野球の将来を考えませんかということです」

競技人口減少、指導者育成、プレーする場の不足など野球界にはたくさんの課題がある。その課題に対して「任務をこなすだけでいい」という立場をとるのか。青少年の健全育成や野球界発展のための施策に力を入れるという立場をとるのか。結局、球数制限の問題にしても、実際には野球界全体の問題なのだ。

野球界に蔓延しているのは勝利至上主義だ。勝つことばかりにとらわれ、子どもの身体を大事にしない。指導現場において怒号・罵声が常態化している野球界の風潮は、子どもやその親たちから「野球」をプレーする選択肢を奪っている。

新潟県青少年野球団体協議会（ＮＹＢＯＣ）としては、競技人口の減少の原因になっている喫緊の課題に取り組む必要があった。その一つ目が「障害予防」であり、それを解決するための施策として、高校野球の「球数制限導入」は大きな一手だった。

学童チームというネック

一方、新潟県青少年野球団体協議会の取り組みが、あまり普及しなかったのが学童野球の現場だった。

野球手帳の存在やシンポジウムなどで子どもの肩肘検診などを行ったものの、障害予防や野球指導現場の環境を良くする施策は学童野球トップに一任されているところがあり、小さな街の学童チームにまで浸透するかといえば、実は組織任せのところがあった。

島田はこう語る。

「青少年の団体（NYBOC）は子どもたちのため、小学生のためという強い想いでやっているんですけど、学童野球が一番徹底しなかった。地域が広すぎるんですね。ですから組織的には弱いところだった。学童の指導者も研修会に出席される方はいます。しかし、そういう人たちはもともと真面目な方なんです。でも、実際に変えないといけないのは『俺が指導してやっているんだ』みたいな態度で指導する、研修会に関心がない人たち。全てに浸透させられなかったんですね。学童が衰退する一番の原因は指導者がいないことなんです。指導者不在では成り立たないので小学六年の親が一年限りやる。次の年は次の世代の親がやる。それでは、全然引き継がれていかない」

そこで新潟県が取り組んだのが「T字型体制」という取り組みだ。

「各団体の代表者は協議会が目指していることを分かっていて、横のつながりはできたんですけど、そこから下に向いていかない。それをまざまざと感じることが多かったので、統一的なものを作ろうということです。学童の組織に丸投げをしているのでは、うまくいかない。子どもたちをトータルで考えて取り組んでいこうと。横に広まったものを縦に落とすということです」

各団体のトップは連携していても、その組織の連携が進まなければ浸透していかない。その現実を知った島田らは組織に丸投げするのをやめて、地域で一括りとすることを目指したのだ。いわば、新潟県青少年野球団体協議会でやっていることをそれぞれの地域で、ひとまとめにするという考え方だ。

高野連と中学世代の連携は浸透しているので、これらの層が中心となって、地域をまとめる。小中高の一貫した取り組みを始めたのである。

中学校の教員を辞め、現在は長岡市スポーツ振興課に籍を置く石川はすでに様々な施策に取り組んでいるという。

これが画期的だ。

「新潟県青少年野球団体協議会の長岡版的な取り組みを始めているんですけど、やってみて効果的だと思ったのは、小中高の保護者を交えたグループを作って、小中高の指導者と保護者をちりばめて、保護者の気持ち、監督たちの思いを赤裸々に話し合ってもらう機会を作ったこと。みんなの声を集めて、長岡の野球の課題は何かを話し合いました。また、グラウンドでは小中高を一チームにして、一回から三回までは小学生の試合、四～六回までは中学生の試合、七～九回までは高校生の試合、という試合をしました。そうやって縦のつながりを作るということにも取り組みました。第二回はコロナによってできなかったですけど、すごくよかったですね」

各団体の代表者たちが一体となり、横のつながりはできた。これからは長岡市が実践して地域の取り組みを強化することにより、縦のつながりを強固なものにしていく。そうすることで、新潟県の目指す方向に全体が一体となって取り組んでいくというわけである。

これまでの野球界は〝人〟を大事にしなかった。

勝利に固執し、子どもの身体や精神が悲鳴を上げていることにも気づかず、ただただ勝利を目指した。そうしていくうち野球を取り巻く環境は劣悪なものになり、保護者や子どもたちから敬遠されるようになったのだ。

球数制限ルールに端を発した新潟県青少年野球団体協議会の取り組みは野球界、子どもたちを守り、県全体の野球レベルを前進させるためのものだ。

富樫はいう。

「目の前の課題に対処するだけで、全然、関連性がない。(施策は)つなげて行かないとダメだと思います。当たり前のことを当たり前にさせること。それこそが大事。当たり前のことができない構造、ひいては子どもたちが自分たちで『痛い』と言えない、そんな子を育てている。甲子園というのは化け物で、そこに出たいし、勝ちたい。それがために言えない。そして指導者もそれをよしとしている。そこが一番の問題点です。我々は痛いと言える子を育てたい。それは当たり前のことで、その風土がスポーツマンシップにつながっていくと考えています」

高校野球の世界では「弱小」とも呼ばれた新潟県が起こす改革。

日本高野連に先んじた彼らの取り組みはこれからも野球界をあっと驚かせてくれるに違いない。それは本丸の組織が脆弱であることの証左である一方、地方から日本を変える、野球界を新たなフィールドに誘《いざな》う手本になり得るだろう。

変わらない人たちを変えていくには労力がいる。それを待っている時間も然り。新潟県のように、変われる人たちから野球界に改革を起こしていく。その繰り返しが、目先のものにばかり固執する日本の野球界を少しずつ進歩・成長させてくれるに違いない。

第2章　「甲子園」に取り憑かれた鬼軍曹の改心

教師の目的とはなんだろう。

スポーツ指導者はなんのために、存在するのだろう。

二〇二〇年、新型コロナウイルスによって多くの人が自粛を余儀なくされ、経済活動はストップした。ビジネスだけでなく、文化・芸術なども身動きがとれなくなった。スポーツでも、東京五輪は一年の延期を余儀なくされ、世界各国のスポーツリーグは延期、もしくは中止となった。

日本で一大事として騒がれたのは五輪だが、それ以外にも、インターハイや甲子園など学生スポーツの全国大会は概ね中止となった。その決定の際は、その度、ニュースで大々的に取り上げられた。後年、二〇二〇年のスポーツシーンは悲劇とともに振り返られるであろう。

夢見た舞台が消滅した時、子どもたちに何ができるのだろうか。スポーツの指導に関わる多くの人たちはそう自問自答したという。目標に掲げていた大舞台の開催が困難になり、絶望の淵に瀕した教え子たちを前になす術がなかったからだ。

目指す舞台がなくなれば、その競技をやる意義を見出せなくなる。それが本当に事実として起きているのなら、これほど悲しいことはない。スポーツの楽しみとは本来、プレーすることそのものの中にあったのではなかったか。

指導者としての能力を突き付けられ

高校野球の指導をして二十七年目になる明秀日立（茨城）の指揮官・金沢成奉監督も、そんな自問自答を繰り返し、苦悩に苛まれた指導者のうちの一人だ。

前任の光星学院（現・八戸学院光星）では坂本勇人（巨人）らを育て、八度の甲子園出場。現職でも、細川成也（ＤｅＮＡ）、増田陸（巨人）をプロに送り出した。二〇一八年には明秀日立を甲子園初出場に導いている。そんな高校野球界きっての名監督ですら、自らの無力さに直面した。

「たかだか、甲子園の大会がなくなっただけで、この喪失感はなんだろうって思ったんですよね。僕らがなぜ、野球の指導をやっているのか。野球を通じて人間形成をする、社会に役立つ人間を作るというのが我々の指導をする目的であったはずなのに、甲子園が中止になると、何もかもを失ったような気持ちになっていた。僕らはいつの間にかそっちのほうへ向かっていたのかなと」

そっちのほう——。金沢はあえて、そういう言い回しをした。

本来の指導者としての目的とは違うほう。つまり勝利至上主義、甲子園絶対主義の方向という意味である。

金沢は続ける。

「もちろん、親御さんから子どもたちを預かっている以上、甲子園に行きたいという夢を叶えてあげなければならないというのはあります。しかし、いつからか甲子園に行くこと、勝つことが全てという風になってしまっていた」

「甲子園」を口にすることで様々な試練を選手に課していく。子どもの従順さを逆手に取るのがこの世代の指導では当たり前に行われている。

長時間練習をこなし、身体を大きくする過度なトレーニングを強いる。学校生活も粘り強さにつながるからと、授業中の居眠りを許さない。すべては「甲子園のために」と言えば、選手たちはついてきたものだった。

それは金沢のみならず高校野球の指導者の大方に共通している。そうした「教育」が影響したのか、明秀日立では、コロナ禍によって甲子園の中止が決まると、一割の選手がやる気が出ないとグラウンドに顔を出さなくなった。

「甲子園」を口にして言い聞かせることができていた金沢の神通力が効かない。金沢にとってそれは、指導者としての力量がその程度のものだったという現実を突き付けられたに等しかった。

金沢は唇をかみ、言葉に力を込めた。

「勝つために頑張るということが人間育成にとっては非常に必要なことで、勝つために努力をし続けることによって、子どもたちが自らの力でどのように考えて、どのように行動し、その起こった結果に対してどう責任を取るか。これを僕は『自立』と言ってきたのですが、これまでは確実にできてたんですよ。しかし、コロナ禍において、甲子園という目標がなくなって、それでも最後までやり抜くことを求めようと思った時に、どうやって子どもたちを導くのかという問題に直面したのです」

一九九五年に光星学院で指導を始めた金沢は、東日本地区きっての鬼監督として知られる。かつては「西の上甲（正典。済美などの元監督。故人）、東の金沢」と言われたほど、群を抜いて厳しい指導をすることで有名だった。

その原点にあるのは自身が指導を乞うた東北福祉大の経験にある。

「僕は東北福祉大の伊藤義博監督にお世話になりました。伊藤監督はいろんな地方から選手を獲得して、なかでも関西からの選手が多くて『関西福祉大学』と揶揄されることも多かった。それでも、東京六大学や東都大学など中央の大学に追いついて、追い越すんやと。俺たちは雑草集団やけど、雑草には雑草の意地があるというのを見せようやと言っておられました」

金沢が光星学院を常勝軍団に育てていく過程もまるで同じだった。地方から、特に関西から人を集めて、練習量を多くして集団として戦う。叩き上げてのし上がった選手たちをまとめ上げて、甲子園の常連校入りを目指してきたのだ。

だから、光星学院の門を叩いてくれる選手がどのような経歴や性格であっても諦めなかった。甲子園を目標に、徹底的に鍛え上げ一人前にするという志においては、全国でも金沢ほどの熱血漢はいない。

野球への情熱があれば、性格や経歴を気にせずに選手を受け入れてきただけに、金沢には他の指導者にはない立ち位置があったのもまた事実だった。

〝伊丹一のワル〟坂本勇人

「手がつけられないようなヤンチャ坊主は金沢に預けろ」

どれほどのヤンチャ坊主でも受け入れ、育てることができる金沢の手腕は評判になっていた。〝伊丹一のワル〟とも言われた坂本をはじめとして、どんな選手の入学も厭わなかった。一度、ある選手の様子を見に、少年鑑別所まで面談に行ったことがあるほどだ。これは、甲子園九度の実績に加えて、金沢の指導者としてのアイデンティティとも言える。

「実は坂本と同じ学年のキャプテンも奈良県一のヤンキーだったんですけど、多くの大人はそういう子どもたちを遠ざける。厄介者と判断して、手を触れない。でも、僕がずっと思ってきたのは、彼らのエネルギーの大きさです。ヤンチャっていうのは、大人や社会への反発じゃないですか。そんな子ども、そう多くはいないですよね。そこは魅力の一つなんですよ。もちろん、そんな選手たちを怒ったりするのは労力がいるんですけど、それと同時に、坂本らに僕が伝えてきたのは、『野球で、人生が変わる』ということでした」

坂本とのサクセスストーリーはいくつもある。最も有名なのが、地元への強制送還事件だ。

高校一年冬のことだった。年末年始の休暇を長く取る光星学院では、選手たちは地元へ帰省する。長い自由な時間を過ごすわけだが、坂本は当時、年が明けて初日の練習にやってきた時、あろうことか鼻にピアスをつけていた。金沢の厳しい指導から逃れ地元に帰り、一時、羽根を伸ばしたことで、ほかに楽しい場所があることを知ってしまったのだろう。

金沢は坂本の異変にすぐに気がついた。

「集合の時に、いつも前に並ぶのは上級生です。下級生であり、後ろにいることの方が多かった坂本が、この時は一番前にいたんですよ。そして、鼻にはピアスをしていた。ブチ切れそうになったんですけど、賢い坂本の狙いはすぐに見えましたね。この場で僕に切れさせて『辞めてやる』って、そんな気で来たんやろうな、と。そこでは何もいわず、監督室に一人で来させました」

金沢は坂本にすぐに荷物をまとめさせ地元へと帰らせた。怒鳴りもせず、飛行機代を出してやるからと、突っぱねることなく送り出したのだ。そして、飛行機に乗り、上空にいる頃を見計らって、坂本の家族や友人に電話をかけた。

今は何をいっても無駄だということを確認し、こんなところにいてええんか、野球で花を咲かせるんちゃうか、という話を周囲からしてくれるように頼んだのだ。光星学院のチームメイトからも同様に、である。金沢は「仲間思いで、負けず嫌い」の坂本の性格に賭けたのだった。

一週間後、坂本はグラウンドに戻ってきた。金沢はどんな取材でもこの話をするが、いつもいうのは「ここから坂本の野球人生が始まった」ということである。

ヤンチャな男のエネルギーが野球一本に向くと凄まじかった。自分の行動に責任を取るようになった坂本は自立ができていた。

金沢はいう。

「あんなヤンチャな奴はこれまでにもいなかった。普段のノックから僕と喧嘩しているような感じでしたからね。『ランナーを殺せ殺せ』っていっているんですけど、いかにも僕に向かっているような口調で、『殺すぞ、ボケー』って毎回、ノックを受けるたびにいってましたね。でも、坂本を見て思うんですよね。あんなヤンチャやった選手が四万人の前でプレーをして、ファンを喜ばせている。二〇二〇年に二千本安打を達成して花束を持っていた時は感慨深かったです。坂本は野球で人生を変えよったなぁ、と」

選手と真正面からぶつかってきたのが金沢の指導だった。どんなヤンチャ坊主であろうが、性格に問題を抱えていようが、育て上げる自信はあった。

ところが、コロナ禍においての金沢はあえいでいたのだ。坂本を説き伏せてきたものでは通用しないほどの大きな壁にぶち当たっていた。

「モチベーションとして甲子園を目指すのはいいことだと思っていましたけど、なくなってみると、甲子園がないと選手を奮い立たせられないのは問題やなと気づかされましたね」

大人の本気の姿勢を見せる

そこで金沢が立ち返ったのが、指導者の原点だった。

それまでの金沢は練習には開始後から姿を見せることが多かった。練習開始より少し遅れてグラウンドに姿を見せることで存在感を見せる。勝つチームの監督像をチームの中に生み出すカリスマを演じていたのだ。

ところが、コロナ禍においては誰よりも早くグラウンドにきて、整備をして水撒きをするようになった。大人の本気の姿勢を見せることを意識したのである。

甲子園がなくても、最後の大会まで一緒にやり切ろうじゃないか。俺はまだ野球をやるぞ。必死にお前たちを育てるんだと背中で語り掛けたのだった。やる限り「三年生全員で」という方針も打ち出した。練習ではレギュラーと補欠の分け隔てはなく、試合では全て三年生で戦うことを約束した上でのことだ。

そうすると全員が揃うようになった。

おそらく金沢は、坂本を指導した時も、コロナ禍の苦しみを乗り越えつつある今も、「本気度」はそれほど変わらないだろう。選手と本気で心からぶつかっていく情熱はずっと同じだ。しかし、「甲子園で勝つこと」を目指していくうち、それが思わぬ方向へと移り変わってしまっていたのだ。

これは全国の指導者たちがコロナ禍で直面した現実ではなかったか。「甲子園」という呪縛が高校野球の指導者にはあり、気づかぬうちにそれに毒されてしまっていたのではないだろうか。

「甲子園に出た監督だけがすごいのかというと、そうじゃない。でも、甲子園に出られなくてもいいと思っているのもダメ。コロナ禍で両方の観点を見つめられた。勝つという目標を掲げて、その中で全力を出し切る、その場でベストを尽くす。これは社会でも一緒なんです。人間に目標があることは大事。そこに向けて努力することが第一なんだということを改めて気付かされました」

もっとも、こうした「見守る」時間を指導者から奪ってしまうのは、高校野球が二年半という短期で結果を残さなければいけないという切迫した事情があるからだろう。

甲子園で勝つことを目指すのは、高校球児、指導者の共通目標だが、その目標がかなったとしても、そこには際限がない。いわば、甲子園という目標を達成すればしたで、それが当たり前になり、目標のハードルは高くなる。期待に応えれば応えるほど指導者を覆う精神的なプレッシャーは大きくなる。

史上初の二度目の春夏連覇を成し遂げた大阪桐蔭の部長・有友茂史から聞かされた、西谷浩一監督とのやりとりは高校野球の監督をする人間の切迫した心情を如実に表している。

根尾昂（中日）、藤原恭大（ロッテ）、柿木蓮（日本ハム）、横川凱（巨人）といった後のプロ野球選手を生み出し、春夏連覇を達成した二〇一八年の決勝戦の試合後のことである。

吉田輝星（日本ハム）をエースとして旋風を巻き起こした金足農業を大差で下して連覇を決め、スタンドへの挨拶など一通りの儀式を終えてベンチに引き上げると、西谷が有友にこんなことを言ってきたのだという。

「有友先生、秋（の大会）どうやって戦おう？」

大願成就を果たしたその刹那に、次の大会のことが頭をよぎる。平成後期から甲子園の常勝軍団を作り上げた指揮官の言葉に、高校野球の監督が背負っているものの大きさを感じたものだ。

高校野球はそれほど「勝利」に追いかけ回されているということの証左だろう。勝てば勝つほどに期待が高まり、その期待に応えれば、また世間は「当然」と言わんばかりに勝利を求めてくる。

金沢は、コロナ禍に襲われるまでそのことに気付けなかったのは、勝利至上主義にがんじがらめにされていたからだと回想する。

「光星学院で指導している時、僕は担任を務めていましたから、選手と僕との勝負がずっとありました。休ませないのが僕の美学、みたいな。勝つためには、選手を横にそらさないことが重要で、正月の帰省時を除いてほとんど休みなんか作らなかったし、ずっと野球ばかりさせていました」

甲子園強豪校の指導者の多くは、金沢と同じだろう。ただ金沢は、コロナ禍によって練習時間が制限され、甲子園も中止となった時、指導者が果たすべき役割を見失っていたことに気づいた。

「選手全員を試合に出場させるため」の采配

そんな金沢が一番の衝撃と振り返ったのが、二〇二〇年夏の甲子園予選の代わりに、各都道府県で開催された「代替大会」だ。各都道府県の独自ルールが認められたこの大会は完全に今までとは毛色の違った方式になり、金沢ら多くの指導者にマインドを変えさせた。

ほとんどの地区で採用されたのが、試合ごとの選手の入れ替えを可能にする方式だった。つまり、どれほどたくさんの部員を抱えている学校でも、勝ち進むことで選手の全員を出場させることができたというわけである。

いつもは考えてこなかった「選手全員を試合に出場させるため」の采配を振るったところ、勝利至上主義にとらわれていることに気付かされたのである。甲子園出場が至上命題だった金沢は、自身のこれまでの考えを改めた。

選手全員が努力しているということ、その成果を発揮させることで、彼らの成長を確認する。指導者が本来目指すべきなのは「甲子園○○勝」という実績ではなく、選手の伸び、そのものだった。

それまでの金沢は試合に出場できそうな選手、そうでない選手をくっきりと分けていた。いわば、「メンバー組」と「練習補助班」という使い分けだ。もちろん、そこに大義名分がないわけではなく、「練習補助でもしっかり役割を果たすことがチームを強くする」ということが念頭にあった。

しかし、夏の代替大会を迎える過程の中で、レギュラーと補欠の垣根を取っ払ったところ、多くの選手の成長を見ることができた。「指導者に大事なのはこれだ」と感じたというわけである。

「僕の野球観からすると、考えられないことでした。練習補助班には練習補助班なりの役割がある。それが社会に出ても役立つと、それくらいに思っていました。甲子園がなくなっても、選手全員が最後までやり切って、チームとして一つのまとまりが出た二〇二〇年夏のチームを見たときに、今まで何をやっていたんやろうなぁと、そんな気にさせられたんです」

金沢は二〇二〇年夏のチームを「今までで一番強かった」と振り返る。だがそれは、実力的なものを指し示すのではなく、選手全員の成長度合いを感じ取れたという意味合いだろう。

勝つことばかりに執念を燃やすのではなく、三年生を全員出場させる。最後まで一生懸命頑張ってきた選手の成長を待つという姿勢に変えた途端、これまでの指導では経験したことがない大きな光が見えてきたのだ。

金沢は振り返る。

「今まで、公式戦の試合に出したこともないような選手が二塁打を打って、セカンドベース上でガッツポーズをしているのを見た時は、本当に泣きそうになりました。『勝ちたい、勝ちたい』という想いだけが俺の全てやったたんやろうな、と。試合中に選手を応援している自分がいたんですよね。試合の勝敗を度外視して戦いを楽しむ空間がありました」

準々決勝戦。茨城県はベスト4までで打ち切りとなり、三年生にとって結果的に最後の舞台になった試合だったが、選手全員出場が叶わないかもしれない窮地に追い込まれるということがあった。

最終回に走者が一人出塁、出番のなかった選手を代打で送る予定でいたところ、左翼フライでランナーが飛び出し、ダブルプレーになったのだ。金沢は次打者まで回さないといけなくなり、必死でバッターボックスの選手を祈るように見ていた。

その刹那、隣を見やると、キャプテンも同じように祈るように選手を見ていたのだ。結果、次打者が出塁し、全員出場は無事に叶えられた。選手の成長とまとまっていく姿を見たときに、金沢はこれまでになかった感情に囚われたのだ。

「ベンチで祈るように見るなんて、こんなことは今まで経験をしたことがなかった。でも、結局は、これまでも選手は一生懸命頑張っていたけど、我々大人がその時間を削いでいたのかな、と。教育ってこういうことなんやろなって」

金沢は二〇二〇年の夏を終えて新チームに入ると方針を一変して新たなことに着手した。それは練習休養日と選手自身だけで運営する練習日の設定だ。いわば、土日が練習試合だとして、平日の五日のうち二日間は監督の強制指導を受けない時間を作ることにしたのだ。

金沢は声のトーンを少し上げていう。

「これには勇気がいりました。僕の中では休まないのが美学だくらいに思っていましたから。週に二日間、選手に自由を与えたことの意味は大きかったですね、休みを作ったことはもちろん、選手たちだけで運営する日を作ったことで、選手と面談をしたり、対話する機会が増えました。そうすることで選手たちが自発的に考えるようになりました。今では僕が考えていたことを、キャプテンが先に選手たちに言い出すようになったり、変化が生まれてきたのです」

もっとも、金沢が選手を縛り付けるような指導をしていた背景には、前任の光星学院で坂本など問題を抱えていた選手が多かったこともある。野球以外で問題を起こさせないためには、グラウンドに縛りつければいい。そうすることで、選手は金沢の監視下に置かれ、常に様子を確認できる。選手らが息を抜く暇さえ作らなかったのには、それなりの理由があったのだ。

確かに、高校野球で勝つためには、全てを指揮官の監視下に置いた方がいい。練習時間を多くすることで、勝つための戦術を徹底できるし、同じ苦しみを味わったチームメイト同士にも一体感が生まれるだろう。金沢が嫌われ役に徹することで、選手たちが一枚岩になることもある。事実、坂本退部事件のチームメイトからの慰留文句は「あのおっさんに、このまま負けてててええんか」だったそうである。

しかし、選手たちをがんじがらめに固めていったからといって、全てがプラスの方向に作用したわけではなかった。

「坂本の代は最後の夏、青森県大会で負けるんですけど、今思えば、僕の意図を選手たちに浸透させることができなかったなと思います。自立している子はいましたけど、チームとしては成熟していなかった」

金沢の言いなりにしようとすればするほど、選手の気持ちは監督から離れ、結局、勝つことができなかった。当時は選手たちの「理解力」に敗因を求めていたが、今になって思うと、そういう指導スタイルが選手の成長の妨げになっていたという自覚が金沢にはある。

「今のやり方をやっていたら、坂本の代でも、もっと考えて野球に向き合うことができて、監督の考えを理解しようとしたと思う。ところが、そんな考える時間も与えず、がんじがらめだから、選手は『こいつ（監督）、鬱陶しい』という気持ちにしかならない。お互いが喧嘩していて、わかり合えていないです。一度、春の東北大会の決勝で、僕が冷静さを失ったことがありました。決勝戦で相手投手が、ベンチの僕に向かって威嚇してきたんです。そこで切れてしまった。当時のキャプテンと坂本が円陣を組んで『監督、あんな感じで熱くなっているから俺たちでやろうぜ』みたいな話をしていた。結局、15－14でその試合には勝ったんですけど、坂本はあの大会で（打率）八割くらいの成績だった。あれでプロに行ったようなもんです。そういう経験もあったんです」

とはいえ、選手たちが考える現在の方針には一つ問題が生じる。選手が考える力と試合で勝つ力は同時並行では培われないということだ。事実、二〇二〇年秋、明秀日立は県大会の二回戦で敗れている。選手たちの主体性を育んで、チーム力につなげていくには少し時間を要してしまうのだ。

「秋の大会が終わったくらいから強くなりました。全然負けていない」と金沢は苦笑いするが、この出来事こそ、チームが変わってきた証ともいえるだろう。

当然、周囲の金沢を見る目は厳しい。やはり、これまでのように、甲子園に出場する、日本一を目指す監督であってほしいという視線はある。金沢はそれを感じているし、マインドを変化させたとはいえ、結果に対する欲を封じ込めたわけではない。

世間の期待と金沢の信念や情熱とのバランスをどうとるかが、これからの難題として降りかかってくるだろう。単刀直入にそれを尋ねてみた。

金沢の答えは、高校野球界への強烈なメッセージだ。

「二〇二〇年の夏の大会中『甲子園に取り憑かれていた』という僕のコメントが世に出ていろんな人から連絡をもらいました。感動したとか、すごいですね、と言ってもらえた。でも、あんまり言われるのも嫌なんですよね。僕は勝つことを諦めたわけでもないし、新しいスタイルでやるから（甲子園にいけないという）口実にしたいわけでもない。バランスを取ることが指導者には必要なんだということなんです。この頃、考えるようになったのは月日が経っても価値が下がらないものが、我々のとるべき教育、指導なのかなと。お金は貨幣価値がどんどん上がっていったじゃないですか。それと同じように、いつの時代になっても価値が下がらない指導をしていきたい。坂本が最近になって『俺たちは教えてもらった価値がある』と言ってくれるようになりました。あの時もっとできたという思いが今の僕にはあるけど、そう言う指導をしていきたい。目標は日本一ではなく、真の日本一です」

かつての金沢は勝利を追い求めすぎるために、できることは全てやった。長時間練習はもとより、上意下達だけの練習方式、あるいは、試合でのサイン伝達などだ。

サイン伝達とはランナーコーチャーや走者に出た選手がバッテリーのサインを見て打

者に伝える行為だ。「サイン盗み」とも度々言われる。

ありとあらゆることが日本一につながると信じ込んできたが、「真の教育とは？」と自身に問いかけたとき、間違っていたことに気づいた。

金沢はこの取材中、デリケートな質問にも赤裸々に答えた。サイン伝達のことについても、掲載の確認を取ると「書いていい」と容認してくれた。

金沢の熱量たっぷりの言葉は、自身の変化、進むべき方向性を誓う実に真っ直ぐなものだった。

「今の指導スタイルで甲子園に行ったら、これまでに負けへんくらいのチームになっている気がするんですよね」

選手と本気でぶつかってきた指導スタイルを貫き、新しい境地に到達した金沢が、いつか甲子園を沸かせ、坂本を凌駕するような逸材を世の中に生み出してくれることを願う。

第3章　「プロでは大成しない」甲子園強豪校の代替わり

甲子園強豪校の伝統継承には、二つの考え方がある。

一つは、どれだけ時代遅れといわれても、前監督から続いてきたスタイルを受け継ぐというもの。もう一つは、強豪校であり続けることで、高校野球界の中での存在感を保ち続けるという考えだ。

史上最多、甲子園通算六十八勝をあげた名将・高嶋仁前監督の後を継いだ、智弁和歌山の中谷仁《なかたにじん》は、どちらかといえば、後者の志が強い。

「こんないい学校、こんないい野球部、高嶋先生が作ってこられた野球部が落ちてしまってはいけない。そこに使命感を持っています。〝智弁和歌山〟というクオリティの高い学校を継承していくために、高嶋先生は中身に力を入れてこられたので、僕はハードな部分とメンタルな部分を作り上げていきたい。次にやる人が思う存分やっていけるように。それが二番目の役目と思っています」

高嶋仁ではない、中谷仁ができること。それは智弁和歌山高校の主将としてチームを引っ張った経験はもちろん、その後の野球人生で得てきたものを指導に生かすことだ。

中谷は九七年夏の甲子園で捕手・主将として全国制覇を経験している。同年のドラフト一位で阪神から指名を受けて入団した。その後、楽天、巨人と三球団を渡り歩きプロの選手として十五年の野球人生を歩んできた。プロではレギュラーの地位をつかみきれなかったが、表街道ばかりを歩んではこなかったからこその知見は、一朝一夕で得られるものではない。

二〇二一年時点、元プロ野球選手のなかで、学生を指導するために必要な学生野球指導資格を獲得した人は一三〇〇人を超えている。元プロ野球選手のアマチュアとの関わり方は千差万別だが、二〇二〇年十二月、テレビなどでも話題になったイチローによる智弁和歌山高の指導など、元プロが指導者として活躍する機会は増えている。

一括りにして「元プロ」とはいえ、イチローのような名選手もいれば、在籍二、三年ほどの元選手、十年以上のキャリアを持つ中谷のような人物もいる。指導者として大事なことは現役時代の実績ではないことは当たり前だが、持つべきは野球界のトップを経験したことをいかに還元するかという姿勢だろう。

どうすれば、プロの舞台で活躍できるか。自身がぶち当たった壁を後輩たちが乗り越えるためにすべきことを、指導法から組織のあり方まで目を配るのが彼らの役割と言える。

木製バットで国体出場

「高校を出てすぐに入ったプロ生活の経験から、もっとこうすればいいのになという、僕なりの理想はあります。ただ、今感じているのは、思う通りいかない現実があるということです。生徒一人一人にマッチする指導というのはこんなに難しいものなのかと、日々勉強しています」

そんな中谷の指導方針に注目が集まったのは、就任一年目の夏の甲子園を終えて国体が始まる時のことだ。

国体における高校野球は、夏の甲子園ベスト8を中心に選抜される。公開競技なので、それほど真剣さが問われているようには思えない大会だが、高校野球を引退した三年生が最後の力を出し切る舞台として認知されている。

その二〇一九年の国体において、中谷率いる智弁和歌山は「木製バットで大会に挑む」と初戦の対戦相手の星稜（石川）とともに発表したのだ。これには賛否両論が渦巻いた。

金属バットの弊害は昨今、高校野球を取り巻く環境下で議題に上がっている。いくつか紹介すると、トレーニングの技術革新が進み筋力のついた体が金属バットを使うことによる危険、打球が飛ぶため凡打になりにくく投手への負担が大きい、上半身主導の動きを覚えてしまうため木製バットに対応するまでに多くの時間を要してしまう、といったものがある。「金属バットに慣れた打ち方では上の世界で活躍できない」という強い風説もあるほどで、プロでの成功率が低いと揶揄されることが多い智弁和歌山が木製バットを使用する試みには新しい息吹を感じたものだ。

ただ、中谷が二〇一九年の国体において木製バットを使用した思惑は極めてシンプルだった。

「一つはリクルート。当時のチームにはドラフト候補の二人・黒川史陽（楽天）と東妻純平（DeNA）がいて、彼らの木製バットの対応力をプロのスカウトたちに見せられていなかった。そこで国体でやろうか、と。二人だけが木製で試合に出ることがいいのかとも思ったので、チームメイトに話したところ、みんなでやろうということになりました。ただ、根回しはしないといけないので、和歌山県高野連はもちろん、対戦相手の星稜高校さんにもお話をしたら『うちもやります』と言ってくださったんです」

こうして、国体を舞台にして「木製対決」は実現の方向へ進んだのだが、日本高野連から猛烈な反対を受けた。中谷は県の高野連からも一筋縄ではいかないだろうと指摘を受けていたから覚悟はしていたものの、反発は想像以上だった。

ただ、その批判を受け入れること以上の効果がこのチャレンジにはあると中谷は確信を持っていた。

一つは投手の球数が減ったことだ。金属バットならファウルになる打球がファウルフライになる。詰まった打球がヒットにならない。当然、バットの先で打った打球がフェンス直撃になるようなこともない。それは同時に技術がないとヒットは生まれないことを示唆した。投手の球数が減る効果もあり、投打ともにいろんな作用が生まれたのだ。

中谷は自身の体験を含めて、金属バットから木製バットへの移行の難しさをこう分析している。

「僕が高校生の時を振り返ると、金属バットが八〇〇グラムくらいでしたから、（九〇〇グラム前後ある）木製との重さの違いに順応するのは難しかったですね。まず、バットがしっかり振れないんです。慣れるのに一年くらいかかりました。高校時代にどういう指導をするかに関わってきますけど、本質的なスイング自体は変わらないはずなんです。しかし、成功体験を積んでしまうので、この影響が大きいんじゃないかと思います。少し体が大きくて、バットが振れる選手なら、金属を持てば、ヘッドを利かしたスイングで体を回すと飛びます。そこで変な癖が残ってしまう。木製バットになって行き詰まった時、この成功体験があるから『あの時のスイングをもう一度』という風に考える癖がついてしまう」

もっとも、中谷はそうした弊害を考え、高校野球全体へ警鐘を鳴らしたいわけではない。

「高校球児の中には、卒業後は親父さんの家業を継ぐから野球は高校までという子もいます。その子に関しては、金属打ちでも問題はないですから。上を目指す子はそうではない教え方が必要ということです」

実際、国体を終えてからの選手の取り組みは実体験を踏んでいるから伝えやすかったという。黒川、東妻の二人は無事にプロの指名を受けた。黒川に関しては一年目からデビューを果たすなど、当時の経験は生きていると言える。

中谷は大きな大会において「木製で戦う」ということまでは考えていないが、どこかで試す機会を窺っていると話す。

「国体は甲子園に出た選手たちが勝ち取ったわけですから、そこでチャレンジさせてもらいました。次もできればやりたいですし、県大会でも春ならできるのかなというビジョンは持っています」

全投手を戦力にする

中谷の指導法でもう一つ特色を見せているのが投手の起用法だ。

これまでの主要な大会では先発完投をさせた試合がほとんどなく複数の投手を積極的に起用する。

二〇一九年夏の三回戦・星稜戦は延長十四回までもつれる大接戦だった。相手エース・奥川恭伸（ヤクルト）が十四回を一人で投げ切った中で、中谷は三人の投手を送り出している。

中谷には投手起用のこだわりがある。

「生徒が一学年十二、三人で投手が四人ほどですけど、全員を起用できる戦力にしたいというのがあります。ですから、ちょっと苦しいかなという投手でも、しっかり戦えるようにしています。この選手だけは試合で投げないという状況を作りたくないんです」

一つは全員野球という観点がある。それほど多くない部員数だから、何かしらの形で試合に関われるように心がけている。それを選手に意識させる。先発して完投する投手だけがチームに必要なのではなく、勝利に貢献できるポジションがあるということを伝えるのだ。

当然、プロでの経験も話す。中谷はプロでの多くは、控え捕手の役割だった。出番が少ないなかで何を心がけたのかというと、ブルペンでたくさんの投手の球を受けて、投球を理解することだった。なかでも外国人選手には積極的に英語を使って会話をし、「相棒」として試合で組んでもらえることで出場機会を得て行ったのだった。そうした組織での立ち回り方などを話すのだという。

中谷の起用法で特徴的なのが、ワンポイントに近いような送り出し方をして、複数の選手を起用する術を心得ている点だ。まさに元プロっぽい采配だ。

「選手たちにはチームの状況や選手の置かれている立場を説明します。出番の少ない投手なら、ワンポイントでの起用を想定して、腕を下げることから提案していきます。そして、練習試合から少しずつ自信を持たせて行きます。こういう起用ができるのはセ・リーグにいたことも影響していると思います。例えば、ある投手をワンポイントで使ったら、そのあと打席が回ってくれば代打を送るじゃないですか。そこで、野手にも出場機会を創出できるんです。そうやって少しでも試合に関わる選手を多く作れればと思っています。でも、高校生って不思議なもので、一度自信を掴むとグングン成長していくんです。エースを脅かすくらいまで成長する選手も出てきました」

当然、故障防止の観点からの複数投手起用の理念がある。高校野球では、本来はいたはずの投手が故障などでいなくなり、やむなく「うちは複数投手です」と語る指導者を見かけるが、これは意図した複数投手ではない。中谷の場合は信念がある。

「投手一人のチームを作って、そこが壊れたら終わりって、組織のあり方から考えたら普通におかしいですよね。必死にバットを振っている選手もいるわけですから、投手一人にチームの命運を任せるようなことはしないです。企業もそうですよね。一人に託して大きなプロジェクトが潰れてしまう。そういうことはあってはいけないじゃないですか」

そうした考えに至る背景には、やはり高校時代の経験がある。高校二年春のセンバツ、準優勝投手に輝きながら、同大会での登板がたたって、その後の野球人生に影を落とした当時のエース・高塚信幸（元近鉄）のことは忘れたことがない。

「高塚のことは頭にありますね。二年生にして甲子園で準優勝、それもストレートとカーブだけであそこまでいくのですから、すごい投手でした。僕はその後、プロの世界に進んで、所属したチームやWBCのブルペンキャッチャーを含めればたくさんの投手のボールを受けましたが、高塚が投げていたボールの質は、田中将大（楽天）、菅野智之（巨人）、澤村拓一（レッドソックス）らと比べても、遜色ないといったら大袈裟ですけど、彼らになり得た素材だと思います。今、高塚は淡路島で寿司を握る人生を送っていますけど、違う人生もあった。そう考えると、まだ実績も経験もない、僕のような若輩者の指導者が、将来のある選手が故障してしまうかもしれないリスクを負えないですよ」

中谷が取り組んでいる二つの課題、木製バットへの慣れと複数投手制は、プロの選手として高校時代を振り返った欠点を克服するための要素と言えるかもしれない。

「プロで大成しない高校」という風評

一方、彼が指導者として痛切に感じているのは、智弁和歌山が甲子園出場や優勝回数の多寡を称賛されるのと同じくらい、〝OBがプロで大成しない〟と揶揄されていることだ。

これについては少し説明が必要かもしれない。智弁和歌山は高嶋監督の甲子園通算最多勝利記録の六十八勝が証明しているように、甲子園の常連であり、歴史を積み重ねてきた。強豪チームで名を馳せているだけに、その先の世界でも活躍する選手が多いと皆が想像するのだが、その実績ほどにはプロで活躍する選手が多くないと見られている。

もともとの分母が少ないにせよ、「もっとプロで活躍する選手がいてもいいだろう」という声は確かにあるのだ。現在、西川遥輝（日ハム）や岡田俊哉（中日）が、智弁和歌山の価値を高めてはいるものの、高校の実績に比べればやや物足りない印象だ。

ただ、中谷はこの現実に目を背けていない。

「智弁和歌山のイメージは、良い方でしたら、甲子園の強豪校、〝猛打の智弁和歌山〟であり、10点取られたら11点を取る劇的なドラマを起こしてくれるチームであると思います。

一方、悪いイメージとすると、守備・走塁が大雑把、プロ野球、大学・社会人で活躍する選手が少ない、高校野球の輝きがその先の組織では失われる、といったものがある。（ドラフト一位で指名された）僕がプロで活躍しなかったので、それには責任を感じているところもあります。次の組織で活躍できるようにしてあげないと、この野球部の価値は落ちていくと思います」

中谷は同校が突きつけられた課題に対して真正面から向き合い、これまで染み付いた評判をひっくり返そうとしている。

教育や育成においては、過去の体験から良かったものは継続し、自身が得ることができなかったものを後輩たちに手に入れさせてあげようという姿勢が基本だ。中谷は「頭をハンマーでどつかれたくらい」と自ら語るプロでの衝撃を伝えることこそ、自身が取り組むべきことと捉えている。

「走塁、打球判断の仕方、インパクトへのボールの合わせ方、第二リードの本質、リードで出る時の一歩目や戻る場所など、小さなこだわりをプロはやっている。その細かな部分を知らなかった。プロに入って横浜やＰＬ出身の選手と話した時に、野球脳では、小学校六年生と高校三年生くらいの差があると感じました。こんな高いレベルの野球を高校でも教えてもらっていたら、高校時代で消化できなくても、継続しているうちに大学以降で花開くのは当然だろうなと思いました」

中谷はプロに十五年も在籍することができたが、一方で、そうした壁にぶち当たって散っていく仲間たちが想像できたという。智弁和歌山OBが行く先々で苦しんでいる要素とは何かが理解できたのである。

「甲子園に当たり前に出て優勝しているもんやから、高校野球の中では一番高いレベルの野球をやっていたんだって思う自分がいる。ところが、知らないことが多くあった。そういう状態で次のカテゴリーに行って、『智弁和歌山やのに、こんなことも知らんのか？』って言われたら気分はよくないですよね。で、高校の時は、少数精鋭でやっているので、ある程度我慢すれば順番が回ってくる環境でしたけど、大学では一学年で四十人くらい部員がいてチャンスも回ってこない。さらに面白くないと思ってプレーする。そういう選手の態度を見ている指導者は『なんや、あいつの取り組む姿勢は』って思いますよね。全てが悪循環になってしまって活躍できない土壌が出来上がっていた」

中谷が智弁和歌山の指導者になって目指したのは、自分が苦しんだ思いと同じことを生徒にはさせないということだった。元プロとしての知見を選手たちに伝え、尚且つ、今の時代にあった指導スタイルを作り上げていく。そうすることで変わっていくものがあるはず、と中谷は思ってきた。

「自分自身が経験してきたことはたくさんあるので、僕には一緒にこのグラウンドで汗を流している子どもたちに、それを伝えていくことしかできないんですけど、より良いもの、最善をつくしていき、それを一日一日積み重ねていく。最善とは何かを子どもと話しながら考える、というスタイルです。勝つために、チームで何をしなくてはいけないのか、個人は何をしなきゃいけないのか。それを考えられる選手になることは高嶋先生が教育されてきたことですが、それを今風に、優しく、柔らかく継承していけたらなというのはあります」

その〝最善〟の指導法の大きなウエイトを占めているのが、選手と対話するということだ。ただ野球がうまくなるための指導ではなく、人としての成長があり、その先に技術が伸びていく。目指すのはそういうプロセスだ。

実は中谷を追い続けるなかで最も大きなテーマにしていたことでもあるのだが、彼が監督に就任してから変わったことの一つに、選手の発する言葉や取材対応がある。わかりやすく言うと、エリート意識が少なくなり、品行方正に立ち回っている印象になった。

中谷に単刀直入に尋ねてみると、それは最も強く意識していることで、選手の対話力の向上こそ指導者として大事にしていることだと言う。

「（選手たちの）取材対応が変わったと言ってもらえるのは嬉しいですね。そこは意識して指導してきたところでもあります。もちろん、三年かけて浸透してきたことでありますけど、選手たち自身で考えることを習慣づけしていますね。今では練習メニューを選手が作ってくるようになりましたし、学校での授業態度の評判も良くなりました。常に、会話をしていますね。授業中になぜ寝てはいけないかまで説明していますから」

筆者は中谷とほぼ年齢が変わらないから想像がつくが、いま四十歳以上くらいの人たちは、『ええからやらんかい』と否が応でも練習に向き合う教育・指導を受けてきた世代だ。しかし中谷は、今の子たちは気質が異なっていることを理解し、選手たちに懇切丁寧に説明することで選手を先導する術を心得ている。

「練習をやる理由。そのプレゼンを僕らができるかどうかだと思っています。『この練習はこういう意図でやっているんやぞ』、と。あるいは『この技術を得るためには、こんな練習、こういうトレーニングがあるよ』、と。プレーや行動の意味、本当の意図を把握していないままの選手が意外と多いんですね。変な高校野球エリートの感覚っていうのが、うちに限らず高校生にはあって、『俺、知っているよ』という意識の子が多い。

甲子園で打てばいい、勝てばいい、甲子園で何勝したなどと言い合うことがあるのです。人間的な大事な部分から厳しくしていきました」

トレーニングの意図、練習の意味、授業を受けることの大切さ。一つずつの会話を深めることにより、生徒自身が考えるようになる。その癖をつけることで、生徒たちの変化を促すというのが中谷のやり方だった。

ハード面で言えば、練習内容は元プロの知識がふんだんに入っているから、目の前にいる生徒が上の世界で苦しまないような配慮がそのメニュー一つ一つにはある。守備・走塁の細かいプレーはもちろん、打席での意識の持ち方から技術的なアプローチまでだ。

「自分の中での基準を持てという話をしますね。この日の投手は変化球を待っていても真っ直ぐを打てるレベルなのか。あるいは違う日に対戦する投手は『あかん、この投手なら、スライダー一本勝負に行かないといけない』とか。物差しを測ってやれるかどうかがプレイヤーとして大事なことなんですよね。学校という環境は一日の時間の半分くらいは、座って先生が話をするのを聞いている状態です。そこで成績の良し悪しをつけられているわけですが、そこに慣れてしまってグラウンドで同じことをするのは、本当の学びではないんです。監督に聞こうとするのではなくて、感覚を掴まないといけない。

『監督、今の僕、どうなっていますか』ではなく、本人自身の中に問題があって答えがある」

中谷が求める思考の中で日々を過ごせば、技術が自ずと変わってくるであろうことは想像できる。いわば、今の智弁和歌山の選手は知らず知らずのうちに自身で人生を掴み取る習慣を得ているに違いない。

中谷はチームとして目指している指導の根幹をこう力説した。

「智弁和歌山で怒られたこと、教育されたことが、次の組織に入った時に、活きるようになってほしい。智弁和歌山の野球部出身のやつはナイスガイやな、リーダーシップが素晴らしいな、とOB全員が評価をされる。レギュラーであってもなくても、甲子園に出ても出なくても、変わらず智弁を出ていたら間違いないといわれる人材になるきっかけ作りをしたいです。野球を通じて、社会を通じて子どもたちと作り上げていけたらと思います」

金属バットに苦しむことや、高校時代の登板過多により先の舞台で活躍できなくなってしまう投手の問題は、智弁和歌山に限った話ではない。ただ、中谷が一味違うのは、彼の指導理念が長い野球生活の体験に基づいていることだ。高校時代に甲子園制覇という大願成就を果たしたが、その後の過程では苦しみもした。

自身の苦しみ、チームメイトや後輩の苦悩や葛藤。それは、高校野球で活躍して、プロで十五年もキャリアを積んだからこそ得られたものだった。

中谷の指導は、智弁和歌山が新しいところに向かうための「変化」やチーム内の「変革」の契機になるだろう。

ただ、本人はそうした声が出ることを嫌う。それは甲子園強豪校を引き継ぐものとしての多方面への配慮ゆえだろう。チームの歴史や高嶋前監督の功績が偉大であるだけに、中谷の指導力の高さが際立ちクローズアップされれば、過去を否定していると思われかねない。

恩師を尊敬し、自身の立ち位置をしっかり認識して指導に当たるその姿勢は、いかにも中谷らしいとも言える。プロでの生活は苦しいものだった。しかし、そのなかでも周囲とのバランスをうまくとるバイプレイヤーとして、十五年も厳しい世界を生きぬいてきた。

「僕が高校野球を変えたいとか、変革しようとか、そういうわけではないんです。うちにきた高校生たちが成長していってほしい。次の舞台で必要とされる選手になってほしい。ただそれだけですね」

智弁和歌山は明らかに変化しているが、今も甲子園強豪校であるという事実は変わらない。それこそが伝統を受け継ぐ中谷が果たしている役割とも言える。

二〇二一年夏のチームが三代目。指導者人生は始まったばかりだが、中谷は今後の高校野球界を牽引していく「名将」になり得る息吹を感じさせる指導者である。

第4章　メジャー帰りのトレーナーと進学校がタッグを組んだ理由

野茂英雄がメジャーリーグに挑戦してから二十五年以上が経ち、今や世界の舞台で日本人選手が活躍することは珍しくなくなった。

一九九〇年代後半、ロサンゼルスからアメリカ全土を席巻したトルネード旋風は圧巻だった。日本人でも世界最高峰のメジャーリーグの舞台で活躍できる。野茂英雄の成功は、日本人の自尊心を確実に高めた。

野茂に続き、シーズン最多安打の世界記録などを達成したイチロー、ワールドシリーズのMVPに輝いた松井秀喜、クローザーとしてワールドチャンピオンの胴上げ投手になった上原浩治、日本の球団を経ずに成功を収めた田澤純一など、多くの日本人が自信を持って戦い成功をおさめたのも、野茂が世界の扉を切り開いたからに他ならない。

一方、そうした日本のスーパースターたちの活躍によって、日本野球のレベルが引き上げられたことも見逃せない。メジャーリーグを意識することが当たり前になり、選手の目標そのものが高いところに設定されたのだ。到達地点が高まったことが、選手のみならず競技そのもののレベル向上につながったことは間違いない。

さらに言えば、海の向こうにあるもう一つの野球を知ったことで、日本の野球に新しい概念を根付かせたことも、メジャーで成功した野茂の功績の一つだ。

例えば、野茂が先発しながら一〇〇球で降板する姿に、先発完投型が主流だった当時の日本人は、新たな野球文化、風習があることを知った。クローザーという日本で言えば、「守護神」のポジションがあることは認知していたが、その前を投げる投手を「セットアッパー」と呼ぶことは、二十五年前までは知らなかったのだ。

それだけではない。カットボール、ツーシーム、サークルチェンジといった球種や、バッターの評価を示す出塁率、ＯＰＳ（出塁率＋長打率）などの指標。メジャーリーグの舞台を知らなければ辿り着けなかった野球の概念は枚挙にいとまがない。

練習方法や育成手法についても同様のことがいえる。ウエイトトレーニングが主流のメジャーリーグの選手たちはパフォーマンスを発揮するための「出力」に注力しているが、今や日本人選手の多くがそれを真似るようになった。走り込みが下半身を鍛えるという考えは薄らぎつつあり、シーズンオフには多くの日本人選手が、日本にはないものを求めてアメリカに渡りトレーニングを積んでいる。

日本人選手とともに通訳やトレーナーなどが海を渡ったことも大きい。現在、タンパベイ・レイズでスカウトを務める内堀立城は岩村明憲の通訳を務めた男で、岩村がチームを離れた後はスカウトに転身。日本人では数少ないMLB主幹のスカウトスクール門下生だ。内堀は二〇一九年には、筒香嘉智（二〇二一年にドジャースに移籍）の獲得に尽力している。

そうした中で、日本人が最も評価されている職種はトレーナーだ。トレーナーの職種には、治療家を指すマッサージセラピストなど、身体をケアするあらゆる部門が含まれる。マリナーズの菊池雄星は、「三十球団のうち半数ほどに日本人のトレーナーが在籍している。これは日本のトレーナーのレベルが高いということだと思う」と証言している。

帰国した日本人メジャーリーガーが日本の野球界に新たな知識やノウハウをもたらしてきたように、日本に帰国したトレーナーたちもまた、アメリカで得た知識や経験を生かして、選手の人材育成に一役買っている。

そんな数多いるトレーナーの中で「パフォーマンスアップスペシャリスト」を名乗り、野球界の常識をひっくり返そうとしているのが、東広島市で「Mac's Trainer Room」を運営している高島誠だ。

「目標は高卒してすぐメジャーリーグに挑戦する選手を輩出すること」

そう目標を掲げる高島は、オリックスの山岡泰輔やソフトバンクの高橋礼などのプロ野球選手はもとより、米子東（鳥取）や武田（広島）など中国地区の高校や大学のトレーニング指導も行なっている。

プロ野球選手に対しては、各プレイヤーたちが現在持っている能力の方向づけをし、パフォーマンスのさらなる向上を図る。プロ以前のアマチュアの選手たちには、根底からの意識変革を目指している。

なかでも、高島の高校の後輩・岡嵜雄介が監督を務める私立・武田高での指導は、一つの挑戦物語といっていい。進学校の武田高は平日の練習時間が五十分しかないのだが、その環境下での取り組みは、ジュニア世代の育成を新しいステージへと向かわせる最先端のものだ。

武田高校と高島のジムの距離は、車で三十分ほど。そう遠くない距離に位置することもあり、ともに人材育成を掲げる高校の部活とスポーツジムがタッグを組み、一貫した方針を掲げて高校野球界に改革を起こそうとしている。

名門・広島商での経験を「反面教師」に

興味深いのは、高島と岡嵜の両者とも甲子園の伝統校・広島商出身というところだ。広島商は伝統的に練習が厳しいことで有名で、緻密な野球を展開し、春夏合わせて優勝七回を誇る古豪中の古豪だ。ソフトバンクの柳田悠岐を始め、プロ野球選手も数多く生み出してきた。そんな高校を出た彼らの何が、新しい取り組みに向かわせたのだろうか。

高島は、その理由は高校時代に抱いた数々の疑問にあると語る。

「今、トレーニングを受けにきている小学生をどうやったらプロ野球選手に育てられるか。それを考えて指導をしているんですけど、昔のことを振り返ってみると、高校の時にちゃんとした指導のもとでプレーをしていたら、自分自身もうちょっと長く野球をやれていたなとか、僕以外にもつぶれていない選手はいたよな、プロにいけていたよなと感じるんです。育成をちゃんとできる環境をつくらなければいけないと思っています」

現役時代の高島は根性のある選手だった。高校一年秋の時、ベンチに入ってない選手の中で千スイングした選手をベンチに入れるという監督の指示を受け入れて、チームの誰よりも振り込んだ。しかし、千スイング以上を達成した時には、手首はボロボロだった。当然「痛い」とは言い出せずにプレーをしていると、症状は悪化の一途を辿った。最終的にはドアノブが回せないほどの重症になった。一学年下に好素材の選手が多かったこともあり、高島の高校野球生活は日の目を見ることなく終わった。

その後、彼が身を投じたのが鍼灸師の世界だった。治療家としてプロ野球のオリックスに入団、キャリアはそこから始まった。治療する立場からリハビリも担当するなどの経験を重ねたのち、オリックス在籍中にアリゾナのフォールリーグ（MLB傘下の教育リーグ）に派遣される。野球の本場アメリカにも活躍の場があることを知ると、本格的に海を渡ることを決断した。二〇〇五年、エクスポズからチーム名が変更になったワシントン・ナショナルズに入団。ここでは選手から評判のトレーナーとなり、治療はもとより様々な分野に関わるようになった。

二〇〇七年のシーズンオフに「日本の子どもの肩と肘を救いたい」と考え「Mac's Trainer Room」を立ち上げた。現在は東広島のジムで指導を行うのに加え、YouTubeで指導に大切なことを積極的に発信している。また、オンラインサロンを開設し、悩みを抱えるアマチュアの指導者にアドバイスを送っている。

高島が特殊なのは、そのキャリアの中で自身の持つ技術力の範囲を広げていっているところだ。先ほど記したように、トレーナーの分野にはたくさんの職種がある。試合時のケガ対応からリハビリまでを担当するアスレチックトレーナー、ストレングスやコンディショニングを担当するS&Cコーチ、さらに近年はデータを解析した上でトレーニングにつなげ、選手のパフォーマンスを向上させていく専門職もある。

高島の場合、治療はもちろんのこと、そうした分野の多くを網羅している。投手の投げるボールの回転数や変化量を計測するラプソードや、肩や肘へのストレス度を測るモータス、ハイスピードカメラなどのテクノロジーも駆使し、選手のパフォーマンスアップの分野にまで手を広げている。

もっとも高島の考えは極めてシンプルだ。自身のキャリアをひけらかすことはなく、こう語っている。

「僕は肩書がどうこうを意識してきたわけじゃなくて、選手のために良いと思うことをやってきただけなんですよね。専門的な部門をやっている人から見たら、『なんやあいつ』と思われているかもしれないですけど、必要な情報は手に入れるようにしてきました。僕は知らないことが分かるようになっていくのが好きなので、どんどん知ることが増えていった。選手のプレーをトラッキングして可視化するラプソードは画期的なものでしたので、アメリカで販売されてすぐに買いました。こういうことがずっと同じ流れできていて、一つずつできることが増えてきた」

Mac's Trainer Roomのジム内には、たくさんのトレーニング器具が備えてある。あまり見慣れない形状のものもたくさんあり、その細部のこだわりに高島のトレーナーとしての深みがうかがえる。

例えば、ベンチプレスやスクワットをするバーベルは、従来のものと同じように錘が両端についているが、持ち手の部分が特殊な形をしている。重たいものを持ち上げる際、体が硬くなってしまわないよう、体を連動して持ち上げないといけないような仕組みになっているのだ。

投手の中には、ウエイトトレーニングのやりすぎで肩の痛みや引っ掛かりを感じるインピンジメント症候群を起こす者がいるが、高島によれば「胸郭が硬くなってしまっているからそうなってしまうことが多い」とのことだ。

「筋肉を肥大させようとするなら、固定させて、単一の筋肉に刺激を入れるのは、やり方としては正しいです。そのほうが大きくなりやすいですから。ただ、それが野球のパフォーマンスを上げるわけではない。うちでは（筋肉を）連動してあげるので、重たいものをいかに軽く扱うかをテーマにしていますね」

特殊な形状の持ち手のセーフティーバーはイギリスから取り寄せたもので、高島のトレーニングルームにある機器は、高島が独学で勉強をしていく中で選手にとって必要と感じたものばかりである。

そうして様々な練習方法を編み出し、パフォーマンスアップを目指してきた高島は、今の高校野球界の指導における問題点を、トレーナーらしい視点からこう指摘する。

「日本人は右打者なら右利きだという先入観が大きすぎて、全員が右利きであることを前提に指導をするケースが多い。右投げ右打ちにも隠れた左利きは結構多いんですよ。高校時代から指導していた右投げの山岡は左足が使いやすいタイプでした。右利きだと思って普通の指導をされるとそれは使いにくい方の足なんです。どちらが使いやすいかを見ていかないといけないんですけど、そういう指導者はいない。結局、強豪校に在籍して活躍できている選手というのは、利き足は右、軸足は後ろ足だという従来の指導がうまくハマった選手なんです。これが弱小チームの場合、同じようにしてもうまくいかない。つまり、どっちのパターンも教えられないといけないんです」

人間の体には、個人差があるのもさることながら、左右差、利き腕、利き足の違いがある。しかし、おしなべて日本の野球界はこれらの差に目を向けることはない。

日本には長く一律な指導が染み付いている。それぞれ体の特性や使い方は異なるのに、ほとんど同じ指導アプローチを施している。指導者の数が少なく、部員数と釣り合っていないためにそういう指導になってしまっているという仕組みの問題もあるが、それは結果的に「センスのある選手のための指導」にしかならない。これを「強者のための指導」と筆者は思っているが、高島のこの話を聞いていると、いかに日本の指導が特定の型の人間にしか設計されていないかが理解できる。

練習と試合を交互に繰り返し、そこで生き残ったものだけが活躍の場を得ていく。その生き残りがプロ野球選手と言うことだろう。運動センスや才能に頼った「強者」しか育てられない指導であり、必然的に多くの離脱者を生む仕組み、ともいえる。

高島には、過去にそうして離脱者になってきたような選手を正しく指導することが、野球界の発展につながるという確信がある。後輩の岡嵜と話すのもその視点だ。

「軸足という考え方だけではダメなんですよ。どちらが使いやすいかという観点にならないとうまくいかないんです。それによって育っていない選手がいる。武田高の岡嵜監督には、そうやってうまくいっていない選手たちを育てる方向にいくべきだという話をしています」

練習時間が短い故のメリット

二学年の違いがある二人は、今の立場にいる以前から連絡を取り合ってきた。高島が京都で大家友和のトレーニング指導を行なっていたころ、岡嵜は関西の企業にいて「いつかは一緒に面白いチームを作ろう」と酒を酌み交わしながら話していたという。

高島は岡嵜が武田にくることが決まった時のエピソードをこう語る。

「武田高って知っていますか？　五十分しか練習時間がないみたいなんですという話を岡嵜が相談してきたんですよね。その時に二人で話したのは『高校時代の俺たちは無駄なことしか練習していなかったじゃん』って。五十分しか練習できない進学校では、誰も指導をやりたくないだろうし、そういう環境の方がチャンスはあるよね、と。逆に縛りも少なくて自由にできる。甲子園に行くためだけにやるなら面白くない。毎年、プロ野球選手を出せるような育成をして、個人の力で甲子園に行く。そんな、俺たちが選手だったら絶対に入りたいと思うチームにしようという話をしましたね」

もっとも、岡嵜は高島との関わりをそうした「高校のつながり」だけで選んできたわけではない。武田に赴任する以前、ホッケーやラグビーの顧問として全国大会にも出場した経歴を持つ岡嵜は、野球界の外に見習うべき指導方法があることを知っていた。

自身の常識に囚われないところに学びがある。その点では、高島と志を同じくしている。

岡嵜はいう。

「トレーナーさんの中には一度学んだことを何十年も指導されている方が多いと思うんですよね。高島さんは常に勉強をされていて、学んでおられるので、そういう方と一緒にいることで自分も成長できると思ったのです」

岡嵜のような発想は、高校野球指導者の中では珍しい。自身が経験してきた範囲内だけに答えを求めず、外から吸収しようとする。そんな指導者に出会うことはそう多くない。

ただ、岡嵜は武田の練習時間が五十分しかない環境が自身の成長に関与しているとも言う。

「二〜三年前に住んでいたところの近くに公立高校の野球場があるんですけど、僕が帰宅する時間でも練習していたんです。練習時間の差は三時間ほどあると考えた時に、この練習時間の差を埋められるのは、自分が勉強すること以外にないって感じたんです。武田は練習が十八時に終わるので、僕ら指導者は他の人より勉強する時間が長く取れる。試験期間中は全く練習をしないので二週間ほどの休みがあります。うちには非常勤も含めて十人のコーチがいるのですが、その期間にそれぞれが勉強したことを共有していますす。これは強豪校の指導者には絶対できないことなんです。僕は広商出身なので、高校野球の指導者がどういう時間の過ごし方をしているか知っています。長時間練習をしていたら、新しいものを取り入れる時間がないはずなんです。だから、僕が勉強をすることで練習時間の差を埋めようと」

岡嵜は現役時代、大学、社会人、独立リーグの舞台を踏んできたほか、米独立リーグのオファーを勝ち取った経験の持ち主だ。十分な実績を積んできたのだが、それでも過去の野球経験に固執しない。

「ラグビーはジャパン（日本代表）の戦術を高校生が知っているんです。野球界ではあまりないことでしょう。常にジャパンの会話ばかりをするんですよね。ホッケーは縦のつながりが強く、ホッケー界にとって何がプラスポイントになるかを考えた取り組みをしているんです」

高校野球の監督の多くは、自分の世界の話しかしない。プロ野球の話題すら、自チームのOBについて少し話す程度だ。プロや海の向こうではどのような野球が展開されていて、指導がどの方向に向いているかなどを語る高校野球の監督はほとんどいない。メジャーリーグですら、ヤンキース、ドジャース、レッドソックス、マリナーズくらいしか知らないだろう。他の競技の知識についても然りだ。

以前、岡嵜とSNSでやりとりした際、ドジャースのセットアッパー、ブレイク・トレイネンの話題になった。トレイネンは一〇〇マイルのストレートとパワーシンカーを投げる右腕で、岡嵜とは彼の投じるボールの凄さを語り合ったのだが、トレイネンを知っている高校野球の監督はまずいないだろう。

「ラグビーの知り合いが多いので、試合を見に行くことがあるんですけど、体が大きい選手は動けないというのが野球界じゃないですか。しかし、アメフトやラグビーの選手は、デカくて動ける。フィジカルの強化は野球界のほとんどが絶対に取り組まないことなので、一番遠いところにチャンスがあると思って、方向性を定めました」

「部活っぽくない」練習風景

そんな方針を貫いていることもあって、JR東広島駅から車で二十分ほどの山間にある武田高の練習グラウンドは、独特の空気に包まれている。グラウンドの大きさや他クラブと共用していることなどは普通の公立校とそう変わらないのだが、選手同士の飛び交う声はそれほど大きくなく「部活っぽくない」のだ。

練習開始時間に選手が集まってくるのはまばらで、特にキビキビとしているわけではない。取材に訪れた日は、オフシーズンの頃で練習時間が短かったこともあるが、部活というより「クラブチーム」の様相が強いのだ。

その色をさらに濃くしているのが、全国の高校野球部とはかけ離れたトレーニング設備の充実だ。さまざまな器具を完備したウエイトトレーニング場があり、おびただしい数のメディシンボール、選手のフィジカルを測定する機器や球速装置などをそろえる。プレイヤーの能力を細分化して成長を促していこうという方向性なのである。そのトレーニング指導を高島が担当している。

先ほども書いたように、武田の平日の練習時間は五十分しかない。これには学校事情がある。

武田高は、夏の甲子園優勝経験もある県下有数の古豪・呉港高と兄弟校ながら、一線を画す「進学校」の道を歩んでいる。言ってみれば、呉港高とは異なり、学校を挙げて部活動に力を入れているチームではない。

そのため、平日の練習時間は五十分の制限がかかっている。さらに、サッカー部などとグラウンドを共用しているため、練習の効率化を必然的に求められるというわけだ。

「サラリーマンの方々もそうだと思いますが、時間っていうのは最大の課題じゃないですか。そこに挑むのは予想以上にしんどさがある」

そう苦笑いもするが、それでも岡嵜は、この環境で野球指導をすることに自身も経験した野球界の旧態依然とした体質への挑戦があると感じている。

同校赴任当初、まだコーチだった頃の岡嵜は、選手たちのある振る舞いを見てがくぜんとしたという。それはある日の練習が雨になった時のことだった。練習の中止が決まると、選手たちは一斉に喜んだのだった。

長時間練習を課す私学の強豪校などで練習が中止になって喜ぶ気持ちはわかる。岡嵜自身も公立校とはいえ、強豪・広島商の出身だから、厳しい練習を逃れることができる雨天中止はうれしくて仕方なかった。

しかし、武田は練習時間がたった五十分しかないのだ。それでも中止を喜ぶ選手がいることに今の野球界の闇を感じた。

「練習時間が五十分でも高校球児は雨が降ったら喜ぶのかと。ありえんだろ、って思いました。この子らは嫌いなのに野球をやっている。これは変えないといけないなと。僕が高校野球を引退してから二十年がたちますけど、僕らがやっていた時と何ら変わっていない」

監督に就任すると即座に方針を変えた。今も高校野球の部活の多くは最低でも平日二〜三時間は練習するが「五十分」という時間の少なさを効率的なものに変えていくことで勝負できると踏んだのである。

その五十分の練習時間の三十分以上を費やしているのがフィジカルトレーニングというわけである。

その練習メニューが先進的だ。武田で取り組んでいるのが目標数値の設定。投手でいうと、投手の球速が出ることが可能になる「フィジカル基準」というものが明示されていて、その数値を超えられれば目標の「〇〇キロ」が投げられる。ここの数字には選手の能力に応じて、一三〇、一四〇、一五〇とあって、それぞれが自分のレベルに合わせて目指していく。

もっとも、この数値はアバウトに設定されたものではなく、高島がたくさんの選手を指導してきた中で分析して出来上がった明確な数値である。「普通の高校生なら一四〇キロは出せる」という高島はフィジカル基準の取り組みについてこう解説する。

「高校生くらいの選手だと、好きなメニューしかやらない人が多い。でも、球速や飛距離を伸ばすためには嫌いなことも必要なんです。一三八、九キロを投げられるある選手は、どうしても一四〇キロまでは届きませんでした。その選手は上半身が弱いんです。設定している数値のほとんどを達成しているんですけど、上半身はクリアしていない。そんなのしなくても大丈夫と思っている。でも、実際はいけていない。つまり、数値に変化がない＝サボっているんです。『僕は寝ずに原稿を書いた。でも、できなかった』という人と『めっちゃ寝たけど、原稿できました』と言う人とどっちが正しいですかということです。僕は真面目にやっていますと監督にアピールしているけど、数値が上がっていないのならサボっている。五十分の練習時間で勝つにはそういう考え方を変えないといけない。自分を高めることを目標にしなきゃいけないんです」

世の中の高校球児たちが球速の目標設定をするケースは少なくない。しかし、それをどのようにして到達するかは極めてアバウトだ。

下半身はどのように鍛え、股関節はどのような状態でなければいけないか、体の使い方はどうあるべきかまで熟知している人は少ない。下半身に力強さがなければ走り込み、投球が弱ければ投げ込む。機械的にそれらを課すだけで基準値など存在しない。その中で球速を測っているだけだ。

ところが武田では、高島が設定した球速ラインの到達すべきフィジカルの数値に沿って、練習メニューをこなしていくのだ。

岡嵜は詳細な部分をこう説明する。

「それぞれのラインに二十六項目のクリアすべき設定値があるんです。それを二週間に一回くらいのタイミングで測る。全ての練習メニューはその数値につながるものを当てていくんです。結局、その数値まで到達できないことには次に進めないんです。これをやって枝葉（技術）に向かうことができる」

一般的なウエイトトレーニングを独自開発したものに、体をうまく操作するためのメニュー、あるいはアジリティーを高めるためのトレーニングなど多岐にわたっている。

これらをこなしていくことで、数値を高めて規定ラインを目指していくのだ。

ブルペン横には選手個々の数値が張り出されてあり、基準値と比較できるようになっている。クリアした項目は消され、到達できないものは個々の課題とされるというわけだ。

「選手個々の基準を上げていくにはこれらの練習メニューをしっかりこなしていくしかない。しかし、これらのメニューも効果が薄いと思ったら、すぐにブラッシュアップします。なぜそうするかと言ったら、もともと能力の高い子が集まっているわけではないからです。効果が出ないのは選手のせいではなく、こちらの責任。選手が伸びないのはヒューマンエラーではなく、システムエラーという捉え方をして、常に、良いと思うものを取り入れていますね」

もっとも、フィジカルトレーニング以外の練習も行う。ただ、それは部内リーグ戦を行い、実戦の場で鍛えることが主だ。その反省で生まれた課題を個々で埋めていく。土日など時間が余った際はそれぞれが課題に取り組む。当然、千本ノックのような根性論の練習は存在しない。

つまり、フィジカルトレーニングで個々のやるべきことがあるのと同じで、技術練習においても取り組みが異なるのだ。

選手の自由度が強く見えるが、細かくは岡嵜やコーチとの面談により、やるべきことは明確になっているので、多くの高校野球部のようにほとんど全ての部員が同じメニューをやるということがないのだ。

日本の野球指導では、部員全員が同じ練習メニューをこなすのが大事にされてきた。確かに大枠では必要なのかもしれないが、選手それぞれに体型が異なれば、体の使い方、利き腕、利き足などにも違いがあり、全てが同じという可能性は少ない。

それが当たり前とされてしまうのは高校野球が「部活」であることも関係しているように思う。学校教育の中にスポーツが組み込まれてしまい、クラスの授業と同じように、皆が「教えを乞う」姿勢が習慣化されてきた。しかし、そういう平準化された指導では、能力を最大限に伸ばせる選手は、ごく限られた人数にしかならない。

「僕が目指しているのはアカデミーですね。生活指導部じゃないので、選手たちには野球をしようと言っています。もちろん、礼儀などの生活面の決まり事はありますけど、大学生以上の水準に達したところで送り出せたらなと思います。高校名ではなく個人として評価されるようにしてあげたい」

岡嵜はそう話している。強豪私学のように素質の高い選手が取れない事情もあるが、システムエラーを起こさずに人材育成をしていこうという試みが武田、そして、岡嵜を支える高島の考えには強くあるのだ。

世間と異なることに取り組んでいることもあり、岡嵜や高島の考えを否定する野球指導者は少なくない。しかし、その声は彼らの取り組みが成果を残すたびに小さくなっていくだろう。

高島が「高卒からメジャーにいく選手を育成したい」という目標を持っていると語る一方、岡嵜は「目標は一人でも多くのプロを出すこと。甲子園はその中で、〝勝手に行くだろう〟と。一チーム九人がプロに行けたら、自然と甲子園には出場できていると思う。みんなにプロに入ってほしい」と夢を語る。

両者にあるのはどんな選手であっても、一人ひとりを大切にして育成して見せるという気概だ。

東広島から始まる新たなサクセスストーリー。彼らが夢を果たすことで日本の野球界が高いレベルにいくこともまた事実なのである。

第5章　激戦区の公立校からはじまった「球数制限」と「リーグ戦」

一人の男の行動が、今まさに芽を出し始めている。

筆者がその男・阪長友仁を久しぶりに見かけたのは、二〇一五年の春先のことだった。場所は新横浜のホテル。セミナーに集まった百人余の指導者の前で阪長が語ったのは、中南米のカリブ海に浮かぶ小さな国・ドミニカ共和国のことだった。

阪長が講演のテーマにドミニカを取り上げたのは、彼自身が何度も同国のMLBアカデミーを訪れているからだ。その環境の違いを知るにつけ、日本が世界から遅れていることに気づかされたのだった。

「ドミニカは、アメリカを除いて最もメジャーリーガーを出している国なんですね。そんな国の子どもたちは、それこそ高校生年代だったら甲子園を凌駕するようなすごいレベルの練習をやっているんだと注目して見にいったんです。それがドミニカに着くと、まず、どこで野球をやっているのかさえわからない。やっと見つけた試合は日本の甲子園とは異なり、観客が誰もいない静かなところでやっていた。投手のコントロールは悪いし、守備はミスするし、バッターも空振りばかりしていたんです」

日本の高校球児より完成度でははるかに劣るプレーの数々に、阪長はハッとさせられたのだった。ドミニカのアカデミーでは、十六から十八歳の育成年代で結果を残すためではなく、もっと先を見据えているのだと。

「子どもたちの将来にどうやってつなげていくのか。ドミニカにはその空気があるから、選手が伸びていくんだということを知りました」

一九八一年に生まれた阪長にはプロ経験はないものの、アマチュアの世界では高いレベルを経験した実績があった。大阪府の出身ながら、高校は新潟明訓を受験して進学。高校三年夏には甲子園出場を果たし、本塁打をマークしている。その後は立教大に進み、四年時にはキャプテンを務めた。

一般企業に就職したのち、海外での野球普及に興味を持ち、アフリカのガーナなどたくさんの国を訪問。二〇〇八年から青年海外協力隊の一員としてコロンビアの野球指導をした際には、同国の選手たちと日本を訪れ、高校球児たちとの交流を行った。筆者が阪長と最初に会ったのはこの頃で、その後はＪＩＣＡの企画調査員としてグアテマラで三年間務めている。ドミニカに赴いたのは、そのグアテマラでの任務の最中だったが、休暇を利用して行ったところ、衝撃を受けたのだった。

二〇一四年に日本に帰国すると、筒香嘉智（ドジャース）や森友哉（西武）を輩出した中学硬式クラブチーム「堺ビッグボーイズ」で指導者としてのスタートを切った。それと同時に講演活動を始めたのだ。筆者と再会したのはそんな時だった。

「アジアやアフリカ、中南米などで野球を見てきて、最初は日本の野球を世界に伝えようと思っていたんです。いろんな国を見ていくうち、海外にもいいところがあるのに気づき、そう考えていくと日本は実は停滞しているよなって思うようになりました。その中でドミニカの野球を見たときに、日本の野球界へのヒントがたくさんあるな、と。気づかせてもらったものを日本の野球界に還元していくことをやらないといけないという衝動で講演を始めました」

そうして始めた講演活動は、年を追うごとに広まっていく。当初は居住地である大阪を中心とした関西圏や高校時代を過ごした新潟、繋がりのある横浜などだったが、各地からオファーが次々に舞い込み、訪れた都市の数は五十を超える。

今では阪長の講演を聞くだけに留まらず、彼が指導する堺ビッグボーイズを視察に来る指導者や、阪長とともにドミニカ共和国を訪問するツアーまで実現した。阪長と交流を持つものの中には、すでに野球指導を経験している人物、右も左も分からない指導者の卵だけでなく、トミージョン手術の執刀医として知られる慶友整形外科病院の古島弘三などもいる。その人脈の広がりには驚くばかりだが、現場を取材していて阪長の影響を如実に感じたのは、高校野球では類を見ない取り組みを実践しているチームに出会った時だ。

独自に球数制限を導入した公立高校の躍進

そのチームとは、二〇一八年の北神奈川大会でベスト16に進んだ県立・市ヶ尾である。特出した選手が集まってくるわけではなく、勉強も野球も一生懸命に取り組もうという気質の生徒たちがいるごくごく普通の公立校である市ヶ尾は、斬新なことにチャレンジしていた。

そのチャレンジとは自ら行う「球数制限」である。

「市ヶ尾 Pitch Smart」と題された、投手陣に義務付けられた球数制限規則は、MLB

13〜14歳	15〜16歳	17〜18歳	19〜22歳
95	95	105	120
1〜20	1〜30	1〜30	1〜30
21〜35	31〜45	31〜45	31〜45
36〜50	46〜60	46〜60	46〜60
51〜65	61〜75	61〜80	61〜80
66以上	76以上	81以上	81〜105
-	-	-	106以上

と全米野球協会が規定したガイドライン「Pitch Smart」を参考に作られたものだ。「Pitch Smart」とはメジャーリーガーの若い投手に故障が目立つようになり、その対策として設けられた球数制限のガイドラインだが、市ヶ尾を指揮する菅澤悠監督は日本高野連が球数制限ルールを義務化する以前にチーム内の規則として作り上げたのだ。

新機軸の導入経緯を菅澤はこう説明する。

「もともと、僕自身が現役時代にすぐに肘を痛めるタイプだったので、投手の健康面については気にしていました。そのなかで、ドミニカ共和国のMLBアカデミーを研究されている阪長さんの講演を聞きにいきました。ドミニカ共和国のアカデミーは将来を目指してやっていて、投手に関しては、どれくらいの球数を基本にしているかという

	7〜8歳	9〜10歳	11〜12歳
一試合の球数上限	50	75	85
休養0日	1〜20	1〜20	1〜20
休養1日	21〜35	21〜35	21〜35
休養2日	36〜50	36〜50	36〜50
休養3日	-	51〜65	51〜65
休養4日	-	66以上	66以上
休養5日	-	-	-

MLB「Pitch Smart」が定めた球数制限

例も出されていたので、自分でも調べて、チームに取り入れるようにしました」

もっとも、萱澤はすべてをＭＬＢのガイドラインになぞらえてチーム内のルールを作ったわけではない。日米では文化や考え方も異なるし、高校野球の中にある風潮もある。「アメリカの Pitch Smart を参考にして、投手の身体を守りながら試合もしっかり作ることを両立していくためにはどれくらいの球数が妥当なのかを考えた」と萱澤はいう。

表を見ていただければおおよその想像がつくが、このルールに従っていくと、一人の投手が複数試合にまたがって完投するのが難しくなる。それどころか、次回の登板を意識してのマネジメントはかなり頭を捻らなければならない。

	1年生	2、3年生
休養0日	1〜30	1〜40
休養1日	31〜45	41〜55
休養2日	46〜60	56〜70
休養3日	61〜75	71〜85
休養4日	76〜95	86〜104
休養5日	96〜	105〜

「市ヶ尾 Pitch Smart」が定めた球数制限

それでも菅澤は、指揮官の苦悩よりこのルールがあることで生まれる副産物の方に目を向けたのである。

副産物とは、特定の一人の投手に頼り切るということがなくなり、複数の投手が自ずと頭角を現してくることだ。投手陣の誰にも登板の可能性がある。その意識が選手たちの中に浸透したのは、予想以上の効果だったと菅澤は言う。

「取り組み始めた頃のチームは一年生に投げさせるのも酷な状態なので、多少、上級生に頼らざるを得なかったというのは正直あります。入学当初は投球障害を抱えて入部してきた子がいたりもしましたからね。ただ、公式戦だけ投手を球数で縛って交代させているのではなく、練習試合からやっているので、時が経つにつれて、投手陣全体の意識があがりました。球数が来たら交代するので、実力が下の投手の出番がないわけではない。どんな投手であっても絶対自分が試合を壊すわけにはいかないという気持ちになるので、責任感をもって頑張ろうとします。投手陣全体の底上げになったのは、導入以前には予想していないことでした」

日本高野連は球数制限の導入以前から複数投手制を推進しているが、いまの高校野球のほとんどの大会がトーナメント制を敷いている以上、勝ちにこだわる戦略を選ばざるを得ないというのが現状だ。

「負けられない戦い」が続く中で、三、四番手以降の投手を起用するというのはなかなかできることではない。しかし、菅澤はリーダーとして勝敗の責任を負いながら、しっかりと健康面を考える育成を念頭に入れてきたのである。

二〇一八年の夏の大会では、六人の投手が登板可能な状態をつくり出すことに成功していた。一回戦から登場した市ヶ尾は大会に入る前から先発ローテーションの順番をほぼ決めていた。もちろん、想定外なこともあったが、四回戦で私学の強豪・桐蔭学園に敗れるまで、特定の投手に負荷のかかることはしなかったのだ。

一方、起用される側の選手はこの方針をどう受け止めていたのだろうか。

菅澤の方針が斬新だと大人は感じるが、先発完投が当たり前で育ってきた選手からすれば違和感があったに違いない。球数による交代を選手たちはどう受け止めていたのか。

二〇一八年の夏は二年生として、翌年は三年生としてチームを引っ張ったエースの大脇文仁がこんな話をしている。大脇は小学生時代に投手経験はあったが、中学時代は内野手で、高校から投手に再転向したサウスポーだった。

「高校野球は先発投手がずっと投げるイメージがあったんで、この方針を聞いた時はどうなるかなと思ったんですけど、やっていくうちに、ケガをせずにできるので、いいなと思いました。登板後は間隔が空くので、ゆっくり調整できるし、疲れなくやれる。また、球数制限をしているので、投げる機会があったんで、結果も出していくことによって変わっていくんです。一年の頃は六、七番手でしたけど、投げていくうちに結果が出てきて楽しかったですね」

球数の制限があると考えすぎてしまって投球に影響を及ぼしそうだが、実践してみるとそんな感覚にはならないと言う。投手陣は互いに成長できているため、「後ろに誰かいる」という安心感が、全力を出すという気持ちに向かわせるのだと大脇は語っている。

菅澤のいう出場機会の創出は、高校生年代にとっては大きい。というのも、出場機会が少ないと、どうしても巡ってきたチャンスの比重が高くなって、選手が緊張してしまうからだ。しかし、一度失敗しても次があると思えれば、安心してプレーできる。

そもそも、エースの大脇は自信の持てない投手だった。先ほども書いたように、小学生時代は投手だったのに、中学時代に投手から離れていたのは試合での登板に恐怖感を抱いていたからだ。大脇は過去の苦悩をこう話している。

「小学校の頃は、ストライクが入らなかったりして怒られることが多かった。それで中学ではファーストをやっていました。ストライクが入らないので、うまくいかないのが嫌だった」

市ヶ尾に入学後、菅澤からの強い勧めで投手に再挑戦することになったのだった。当初は気が乗らなかったが、登板機会を重ね、成功と失敗を繰り返すうちに、少しずつ自信を摑んでいった。二年の夏からはエース。一時、背番号「1」を明け渡すこともあったが、投手としての意識は年を追うごとに向上していったという。

大脇の同学年には右サイドスローの羽生荘介という投手もいた。

彼の場合は大脇とは少し異なる。中学時代に全国大会に出場した経歴を持つが、三番手だった。投手をやる醍醐味を感じていたが、中学時代はほぼ出場機会がなく、楽しむ時間がほとんどなかった。

「自分で勝手にブルペンに行って準備をしているだけで、監督は見てくれてるんかな？と思っていました。中学時代は蚊帳の外という感じでプレーをしていました。だから、最後の大会で負けた時も、あんまり悔しくなかったんですよ」

市ヶ尾では二年秋にエースナンバーをつけた。大脇が調子を崩している間隙を縫ってチャンスを摑みかけたが、最後は大脇にまた追い抜かれた。しかし、最後の夏は大脇を援護するクローザーとして三試合に登板。中学時代とは違って、試合に出られたことは大きな財産になっている。

羽生は二〇一九年の夏前、高校卒業後は野球を続けないと話していたのだが、夏の大会後に進路変更。大学に進学し、サークルなどで野球を楽しんでいる。羽生が野球をやることの楽しさを知ったからに他ならない。

「選手にはそれぞれいろんな武器があって、また、教えあったりすることで自分が良くなったりもするので、本当に切磋琢磨という言葉がハマるなと思います。本当に頑張らないと伸びないし、誰が頑張っているかはわかるので、切磋琢磨できる環境は楽しかったです」

球数制限の議論が始まった頃、世間で多く聞かれたのは、「制度化されれば公立が不利になる」という言葉だった。単純に考えれば選手を集めて部員数が多いチームが有利に働くのは当然だが、指導者の意識で変えることもできる。市ヶ尾は、自浄作用の働く「球数制限」を実施して戦っているから毎年のように人材が生まれるのだ。

市ヶ尾の取り組みは、指揮官のマネジメント次第で、普通の公立校でも複数投手制が可能であるという事実を伝えてくれる。

菅澤はいう。

「球数制限をやってみて得られたのは、エースの酷使回避が一番に挙げられますが、それ以外にも二番手以下の投手の成長、登板機会増による控え投手全般のモチベーション維持、各自の調整能力の向上も挙げられます。また私自身のゲームプラン、投手起用に対する思考力も上がったのかなと思います。中学の時について羽生は、『遠征に行っても往復していただけで何も面白くなかった』といっていましたが、高校では最後はリリーフ専属でショートイニングだったけど、楽しかったといってくれたのは嬉しかったです」

もっとも、菅澤が神奈川県で起こした改革は、まだ世間に浸透していない。事実、神奈川県内でも「第二の市ヶ尾」は出てきていないのだ。菅澤ほどの勇気とビジョンを持った指揮官でないと、このチャレンジは成功しないということかもしれない。

それが何を意味するかというと、高校野球の環境がチャレンジする環境に置かれていないということだろう。その最大の理由として、大会の全てがトーナメント方式で行われているということが挙げられる。

高校野球の大会は秋・春・夏と三回あるうち、二回は甲子園切符がかかっている。そのすべてがトーナメント方式で行われている。神奈川県のように地区予選のみ、限定の三試合をリーグ戦で行なっている地方はあるものの、ほとんどが負けられない戦いである事実は変わらない。

複数の投手を育成していくには、「試す機会」がないと難しいだろう。なぜなら、一発勝負の「負けられない戦い」のノックアウト方式だと、どうしても特定の投手に頼らざるを得ないからである。他の投手を試すことができないのが現実だ。

高野連がその点に考慮してリーグ戦を実施するなどの方策を行えば、複数の投手は育成しやすいが、二〇二一年から球数制限制度が実施されただけで、「複数投手が生み出される環境」を作ったわけではない。結局、「チームの力量」次第にならざるを得ないのだ。

事実、二〇二一年のセンバツ大会では、一人の投手が一試合一五〇球以上投げるということが四試合もあった。ルールには抵触しないとはいえ、球数制限の意図は「登板過多の抑止」であるはずだ。一五〇球以上を高校生が投げることに指導者が違和感を持っていないのは、この大会以前に投手の育成機会に恵まれていなかったこと、そもそも指導者にそういう発想がないことを指し示しているのではないか。

例えば、二〇二一年のセンバツのベスト4に進出した天理は、エースの達孝太投手が二試合にわたり一六〇球登板をしている。前年秋の戦いを振り返るとほとんどの試合を一人で投げているのだ。負けられない戦いが続く中では、複数投手を起用するのも無理な話なのだ。

大阪から始まった「リーグ戦」の試み

そんな高校野球界の現状を打破しようと私設のリーグ戦を開催する地区が出始めた。野球どころの大阪が発火点で、新潟と長野も続いた。二〇二一年中に、茨城や神奈川、千葉、東京・山梨、福岡でも開催の動きがある。これは注目すべきムーブメントである。

大阪、新潟でのムーブメントに関わったのが阪長だった。リーグ戦開催の経緯を阪長はこう語る。

「世界を見ているとトーナメント方式でやっている国がないんですよね。アマチュア世代で一番大事なのは、経験を積むこと。それがトーナメントだとたくさん試合を経験できるチームもあれば、そうじゃないところもある。その偏りが激しく、常に、勝たないといけない、勝たないと次がないと考えて試合をやらないといけない。この仕組みは、果たして教育現場の中で野球をするときにベストなシステムなのかって思うようになりました。そこで講演会などで話すことも多かった大阪の公立高校の先生たちに、練習試合ベースでやってみませんかと。僕らが主催するわけではないのですが、リーグ戦のノウハウを教えますし、日程案などを出しますからと提案しました」

こうして大阪は阪長の声に賛同した公立校の有志、いわば仲間うちから始めることになったのだった。最初は六校からスタートとなり「ＬＩＧＡ」という名称をつけて始まった。

リーグ戦の立ち上げ当初から幹事を務める香里丘高校の藤本祐貴部長はこう話す。

「阪長さんと高校野球の問題点の話をした中で、目の前の子どもたちにとって良くないことが高校野球にはいっぱいあるので、その点を考え直していかないといけない、と。

自分たちが関わる子どもたちだけの問題ではなくて、高校野球界全体の問題として取り組まなければいけない、という話になりました。全国から見たら、大阪は高校野球が盛んな地域として見ていただいている。その大阪から、問題点を改善して、本当に子どもたちのためになるようなことをしていこう。高校野球を良い意味で変えていこう。リーグ戦の実施は、そのためのきっかけ作りとして始まったんです」

大阪の府立校は、全国の激戦区と同じように、日の目を見ないことの方が多い。私学全盛の時代にあって、能力が高い選手を集めるどころか、昨今では部員数の確保すらままならない。センバツには二十一世紀枠があるが、あれはもともと地方の奮闘する学校のために設けられたものだ。大阪が対象になる可能性は低い。

その中で目の前にいる高校生に、どう野球を楽しんでもらうか。さらに、どうやって大会で少しでも上位に食い込んでいくか。大阪府の指導者にしか分からない苦悩がある。

ただ、そうした事情の中でも、大阪の公立校の中には、グループを形成し、独特な発想のもとで部活運営をしているところがある。そのうちの一つが、藤本らが選手時代から指導を受けた元城東工科・見戸健一を中心としたグループだ。

二〇二一年三月まで大阪で教員を務めていた見戸は城東工科の監督として私学を脅か

していた頃から、若い世代の指導者の先頭に立ち、様々なことを伝えてきたのだ。そもそも、阪長と藤本らを結び付けたのも、見戸の存在あってこそだ。

「もともと、僕が高校時代からもあったんですが、『ノーザンライツカップ』という独自のルールでやる練習試合がありました。これもリーグ戦でやっていたのですが、簡単なルールで言うと、投手はファーストストライクはストレートを投げないといけないとか、ファーストストライクを見逃したバッターはその時点で三振とか。ルールの意義には準備力を高めるなどがありました。僕が現役の選手の時からそのルールの野球をやっていたんですけど、その時から自分たちのためになることをやってくれているというのを感じながらプレーしていました」

ノーザンライツカップでは選手たちの心構えが変わるのだという。投手がファーストストライクでストレートを投げるには覚悟がいる。相手を上回る気持ちで投げないといけないからだ。一方、バッターもストレートとわかっているのだから、どのような気持ちで臨むかは一目瞭然である。他にも定位置を守ってはいけないというルールもあるのだが、これは「投手の投げる球と打者のスイングを見ながら観察する」という狙いがある。

そうしたグループを形成していたこともあって、藤本ら若手のグループはノーザンライツカップの影響を受けながら、若手の指導者たちと学び続けていたのだ。

藤本はいう。

「ノーザンライツカップは今も『ＬＩＧＡ』とは別でやっているのですが、最初の『ＬＩＧＡ』はその参加校中の六校で始めました。幹事を持ち回りにするより同じ人物がした方がいいということで、門真なみはやの川村先生や旭の井上先生たちと一緒に試行錯誤をしています。最初に設けたルールは球数制限とバットは木製を使用すること。変化球を二割しか投げてはいけないというものでした」

「ＬＩＧＡ」を開催する時期は、秋季大会を終えたあたりだ。十月末から十一月中旬くらいの土日祝日に行われるが、一年目は現在よりはルールが少ない中でひとまずスタートを切ることが目的だった。

ただ、当初から効果的だったのは、選手のモチベーションが維持できたことだ。「ＬＩＧＡ」を実施するのは、秋季大会を終えた後。いつもなら、センバツ出場がなくなり、意味を見出せないままに毎週土日の練習試合をこなすことになるが、「ＬＩＧＡ」を実施したことで選手たちの緊張感が持続したのだ。

藤本は様々な効果があったとこう解説する。

「大きかったのは、バッティングに対する取り組みですね。選手たち自らで考えてやるようになりました。土日に試合をしてから、平日の取り組みに変化が出てきたんです。木製だと簡単には打てない。子どもたちなりに結果を出したいので、どうやったら打てるかを考えるんです。僕ら指導者に聞いてくることが多くなったし、自分で調べてくることもありました。課題意識が子どもらの中で強まっているのは感じました。また、最初は六校だったので、同じチームとの戦いもある。そうなるとリベンジというか、トーナメントでは味わえない気持ちが出てきました。対戦するピッチャーの特徴もわかってくるから、事前に情報を共有しながら準備するようになったんです」

トーナメント方式の欠点は先ほども書いたように、「負けたら終わり」の一発勝負のために、チャレンジができない事だ。リーグ戦をやっていくと、再戦がある。トーナメント方式では同じチームと対戦することはほとんどない。常に相手が異なるので、どうしても同じメンバーで戦いがちになる。加えて、相手チームとは二度と対戦しない可能性もあるので、その試合での対策しかなく、深く考えることもない。その時勝てばいい、という観点にならざるを得ないのだ。

最初に「ＬＩＧＡ」を開催したのが二〇一五年のことだから、二〇二一年で七年目に突入する。ルールは年々進化しているという。いちばんの変化は低反発バットの導入だ。木製バットの使用も可能だが、今後の野球界にとって低反発バットを使用することが重要になってくるというメッセージを狙っての導入だという。

低反発バットとは、反発係数を抑えたバットのことだ。木製バットだと折れてしまうが、低反発バットは金属なのでコストが抑えられる。さらに、ボールが飛ばないため、投手の球数が減る。従来のバットだと打球が飛びすぎるため、どうしてもコースを狙いに行かなければならなかったが、真っ向勝負ができるようになれば、投手への余計な負荷が減る。そうしたルール変更で得られたものも、「ＬＩＧＡ」としては大きな財産だと藤本はいう。

「『ＬＩＧＡ』では優勝チームを決めるのですが、個人タイトルも設けているんです。打率や長打率、防御率など。ですので、選手はファイトする。いつの年だったか、みどり清朋の投手で『ＬＩＧＡ』が投手として初登板の選手がいて、その子が最優秀防御率になりました。抑えることができて、少しずつ自信を摑んでいったのだと思います。翌年の夏、みどり清朋はベスト32まで進出しました。投手は思い切り投げて試合経験を積めるので、これもリーグ戦の効果だったのかもしれません」

リーグ戦の導入は年々広まりを見せている。次に続いたのが新潟で、その後、長野県でも開催されている。これは阪長を旗頭とした大阪から広まっていった「リーグ戦ムーブメント」といえるかもしれない。

藤本はいう。

「僕たちの力ではないですけど、この間も茨城のミーティングに参加させてもらったり、福岡では助言をさせてもらう機会もありました。東京や神奈川でも立ち上がっていると聞きますし、大阪でやり始めて、違うところでも広がってきている。想いを持って続けてよかったなと思います。もちろん課題もありますけど、少しずつ芽が出てきたのかなと」

阪長もこう語る。

「子どもの未来にとって何がいいのか、っていうところを大事にしています。リーグ戦をすることそのものであったり、リーグ戦のルールが参加する選手や指導者たちにとって学びながら成長できるものになっていたり、そういうところに意義があると思うんです。また、日本はいろんなことが短期的なビジョンになっていることが多いと感じるのですが、野球の中で仕組みを変えて成果を出すことによって、野球・スポーツ以外にも応用できるようになるのが理想だと思っています」

海外を渡り歩いた男が起こした変革のムーブメント。そこに追随する若い指導者たちの心意気があってこそだが、阪長が全国各地に蒔いた種は芽を出し、いずれは花が咲き実を結ぶ。その方向へと進んでいることは間違いない。

第6章　丸坊主を廃止した二つの私立強豪校

教師や親が生徒・子どもに対して行う教育の基本には、自身の反省の念が込められていることが多い。

学生時代や幼少期に自分はこうしておけばよかったと想起される体験が明確にあり、教師になってみて、あるいは親になってから自分の過去を省みて、その教訓を生かしたいと考える。教育や子育て、人材育成には、少なからずそうした親心がある。

二〇二一年で就任して二十年目を迎える花巻東高の佐々木洋監督が、教師、監督として指導にあたる際に心に留めているのは、自身の反省である。

「勉強も仕事も野球も一緒だと思うんですけど、スキルがある。学生の頃の私は、それには気づいていたんですけど、それに対して『運の良し悪し』で片付けてきたんですね。具体的なものがなく、日々進化することもなく、ステップアップもなかった。人間を高めるためにはスキルがあり、テクノロジーで自分の人生が変わるんだというのが大人になってわかったので、選手を指導する際には私が気づいたことをさせようという思いがあります」

そうした親心から佐々木が就任以来、選手たちに義務付けているのが「日記を書く」「目標設定をする」という習慣だ。日々の振り返りや新たな目標。明日、何をするか、目的と目標を持って生きるということで人生を大きく変えることができたという実体験があるからだ。

佐々木は、順風満帆ではなかった学生時代を振り返り、その時こそ人生の転機であったとこう述懐している。

「大学二年生の時に、野球部の寮を出されたんです。それまでも迷惑をかけていて、高校は中途半端で、大学でもなんでこうなってしまったんだろうと悩んだんです。当時は本を読むのも嫌いだったんですけど、その時に初めて本を読みました。最初に手に取ったのがナポレオン・ヒルの『思考は現実化する』。でも、本当はその本を読みたくなって手に取ったのではなくて、そんなことがあり得るのか、ふざけるなくらいに思ってました。夢を持てとか、目標を掲げろと簡単に言いますよね。しかし、私は『夢』と『目標』と『決意』の違いもわかっていなかった。本を読んで、目標というのは数字をあげて、期限を決めて、計画がつく。そう言うものだと知ったんです」

そこで佐々木が最初に立てた目標が「二十八歳で甲子園に出る」だった。当時の最年少監督が二十八歳だったから掲げた目標だった。大学を卒業後、横浜隼人のコーチを経て二〇〇二年に花巻東の監督に就任。そして、二〇〇五年、佐々木は甲子園出場を達成した。実体験があるから「自分のやる気をコントロールすることこそ大事」と選手たちに伝えるのである。

雄星を育ててこその大谷の成功

なぜ、今、佐々木に注目するのか。

それは彼が国内のプロ野球において、最速の右腕と左腕を生み出した上に、その二人がメジャーリーガーになったからだ。

一人目、日本人左腕最速の一五九キロを投げ込んだ菊池雄星は、高校を卒業する際、日米二十球団の争奪戦の対象となった。二〇一九年、ポスティングシステムを利用して、シアトル・マリナーズと最大七年の契約を結んだ。

二人目、日本人右腕最速の一六五キロを投げ込んだ大谷翔平は、ドラフト前の記者会見で「日本のプロを経ずにこのままメジャーに挑戦したい」と高らかに語ったのだった。二〇一八年にポスティングシステムを利用して、ロサンゼルス・エンゼルスに移籍。投打の二刀流プレイヤーとして、全米を席巻している。

結局、二人は日本の球団を経てからのメジャー挑戦となったものの、この短期間のうちに最速投手を二人も出し、メジャーリーグに送りこむことができたその指導力には、どんな背景があるのか。

佐々木の一番弟子とも言えるのが菊池だ。

監督就任一年目から指導の中枢に据えた「日記を書く」習慣を菊池はやり遂げ、今もなお日記を書き続けている。野球で気付いたことを記す日誌を書く習慣もあるが、それは佐々木からノートに書くことの重要性を伝えられたからだ。花巻東を卒業してプロに入って、さらにメジャーリーグに挑戦してもなお、「書く」という作業が菊池の人生の中心にはある。菊池はいわば、佐々木が人生でやらずに後悔したことを実践している選手だった。取り上げられるのはいつも試合で勝ったことや何キロ投げたなどの表面上のものになるが、佐々木の伝えた指導を実践し続けている菊池の成長過程こそ、佐々木が指導を続ける中での大きな道標になっている。

そして、そうした菊池の成功法則を見て成長を遂げたのが大谷だった。

意外に知られていないことだが、大谷ほど菊池をモデルにした人物はいない。大谷が高校一年生時に、学校案内のパンフレットに書いたあるメッセージには、彼がいかに菊池に憧れ、行動規範としてきたかがわかる。

その冊子にはこうある。

「実際に成功した人の足跡をたどる以外に確実に成功する方法はない」

佐々木によれば、この「成功した人」＝菊池なのだという。

大谷はさらにこう綴っている。

「僕が中学3年生の時に見た光景がある。岩手県の人が熱狂して岩手のチームを応援していた事。高校野球で岩手が一つになっていた事。その花巻東には世界を巻き込み日本中を騒がせたすごい男がいた。だから、僕も雄星さんのように尊敬される選手になりたい。愛されるプロ野球選手になりたい。ドラフト1位で。僕もドラフト1位で……」

大谷と菊池は三学年の違いがある。つまり、菊池が高校三年生だった時、大谷は中学三年生だ。

菊池が高校三年生だった春のセンバツで、花巻東は岩手県勢初となる優勝を目指して決勝を戦った。その際、花巻東フィーバーに県民は沸いた。大谷はその二〇〇九年の出来事を目の当たりにしているのだ。

マンダラチャート

大谷がプロに入って成功を収めていく中で注目されたことの一つに、高校時代に記した目標設定を明確に記した八十一マスからなるマンダラチャートがある。これは花巻東では伝統となっている選手たちにとってのお守りだ。

このマンダラチャートは、まず真ん中に目標を書くことから始まる。菊池の場合は「高卒でドジャース入団」だった。そして、その目標を実現するための構成要素として、八つの項目を書く。菊池の場合だと「最速一五五キロ」「コントロール向上」「実戦で使えるピッチャー」「愛されるプレーヤー」「外国人に負けないメンタル」「甲子園で優勝」「ピッチャー三種の神器」「体作り」。そして、この八項目のそれぞれを実践するために必要な要素を八個書き出すのだ。

目標があり、ビジョンがあり、計画がある。一つ一つをクリアしていくことで、目標に到達するのだ。これは佐々木自身も実際に実行し目標をかなえた成功法則の一つで、菊池も実践し書き込んでいた。

大谷は菊池を踏襲しつつ、その上の目標を立てていたのだ。

佐々木は話す。

「目標というのは車に乗ってカーナビをセットするように、今日どこへ向かうのか、を決めるものです。夢を描いたはいいけど、どうやって叶えるかはわからないので、目標を設定することから始めていく、ということです。この目標設定用紙は、大谷が活躍することで有名になりましたが、大谷は雄星が書いたものを参考にしていました」

その大谷が真ん中に書いたのは「ドラフト一位、八球団」だった。菊池が六球団から指名を受けていたから、その上を目指していたというわけだ。ちなみに、菊池の高校時代の最速は一五四キロ。大谷が一六〇キロを目指すと決めたのは菊池の上をいきたい想いがあったからという。

ここにもう一つの教育的視点がある。

佐々木は菊池を育てていくにあたって、かなりの苦労をしている。それまで菊池ほどの才能を持った投手を指導したことがなかったから、手探り状態だったのだ。菊池は一年夏までに一四五キロを計測。甲子園にも出場して話題となったが、その後、伸び悩んだ。投球フォームが定まらなくなり、ストレートが走らなくなったのだ。甲子園デビューが鮮烈だっただけに、停滞感は大きかった。佐々木はこの素材の良さをどう伸ばしていくかに悩んだ。壁を乗り越えるのに時間がかかったのである。

菊池がかつてこんな話をしていたことがある。

「僕を指導してくださった時、佐々木監督はすごく痩せていた。それは僕が伸び悩んだ時に、いろんな人に意見を聞きに行ったりして、どうにかして育てようとしてくれたからだと思うんです」

その成果があって菊池は成長することができた。たくさんの逆風があって、高卒でドジャースに入団することは叶わなかったものの、六球団から一位指名を受けるほどの評価は、入学からの菊池がしっかりと成長したことの証と言えるだろう。佐々木の教育は正しかったということである。

そして、菊池をモデルとして育て上げたのが大谷だった。一つの成功例を基にして、次の成功者を生み出す。教育は、そうした好循環を繰り返していくことが大切なのではないだろうか。

佐々木はいう。

「正直にいいまして、雄星を指導していた時は、僕自身もあれだけの選手を預かるのは初めてで全てが手探りでした。しかし大谷の時は、雄星という成功例がありました。だから、雄星の時のまま大谷に伝えました。大谷が上で、雄星のほうが下のように世間ではいわれていますが、もし、彼らの入学してくる順序が逆だったら、僕は雄星のほうが先にメジャーリーガーになっていたと思います」

自身の反省を基にして、日記を書かせるということを指導の中での第一歩とした。そうして生徒を指導していくうちに成功法則を見出し、さらなる指導に生かした。こうした好循環を生み出すことはこの世代の指導者に必要なことなのかもしれない。

佐々木は自身の元を巣立っていった菊池や大谷ら花巻東ＯＢの指導を通して確立された指導論を自身の哲学として一冊にまとめている。元々は選手に伝えたいと思っていたものが抜け落ちていたということがあり、バイブルにまとめ生徒一人ひとりに浸透しやすくしようと考えたという。

花巻東高の野球部では、〇時間授業というのがある。学校が始業する前の時間を使っての〇時間目の授業だ。そこではそのバイブル書を用いて人生を生きていく上での考え方や物事の原理原則などの話をするそうだ。

その際に決まって話すのが「投資」と「消費」の話だ。

「漫画を買うことと、参考書を買うこと。どちらが消費で、どちらが投資なのか。あるいは、ドラマを見る時間と、参考書を開く時間はどちらが消費で、投資なのかということです。私自身、昔は投資や消費について考えなかったんですが、何かのアクションに対してのリターンとは何かを考えるようになりました。勉強でのリターン。ゲームをしていてのリターン。リターンがないのは消費ですよね。選手たちにはドラマを十五話見ていることのリターンはあるのかないのか。人のドラマに感動している時間があったら、自分のドラマをつくることに時間を費やしたほうがいいんじゃないか、という話をしています」

人生は選択の連続だ。今、それをすべきかどうかの葛藤がある中で、その決断が人生を左右する。今の満足を得るだけの消費なのか、将来の何かの役に立つための投資になっているかを考えさせることは、高校生たちにとって貴重な時間といえるだろう。

目標を設定しただけで成長できるわけではない。そこにたどり着くまでに何が必要かを常に自問自答し、投資と消費の棲み分けを明確にすることが成長につながる。

大谷には、その肉体を含めて才能が充溢していることになんの疑いもない。しかし、彼の取り組みの奥深さ、目線の高さは、その才能以上に評価されるべきことだ。とにかく、その目標のレベルが異次元なのだ。

大谷が高校時代に語っていた言葉を思い出す。

「目標のレベルが高くなれば、野球のレベルは高くなると思うんです。僕が一六〇キロを目標にしたのは、ピッチャーとして常識を覆したいという想いがあったから。一六〇キロを出せば、また次に一六〇キロ以上を目指す人が増えてくるじゃないですか。野茂さんがアメリカで結果を残して、日本人の目標のレベルが変わったように、自分も世界レベルで活躍する選手になりたい」

高校野球の取材をしていると毎年、同じ間違いを繰り返しているチームがある。過去の反省から習わず、それでも同じ指導を続けている。過去の失敗を糧にできないのは指導者自身が謙虚でないか、その組織に自浄能力がないかのいずれかに他ならない。

どれほど才能のある中学生の逸材を獲得しても、そこでしっかりとした育成をしなければ循環は悪くなる。佐々木が菊池を育てて大谷の指導に生かしたようなことは、繰り返し行われていくべきことなのだ。

佐々木は自身の反省から菊池の成長、大谷の成功までをつなげた指導メソッドをひとつのバイブル書とした。これは指導に向き合っているからで、日々、ブラッシュアップされていくだろう。時代が変わりゆく中で、バージョンアップは不可欠になる。

夏の甲子園が百回大会を終えた後、佐々木は高校野球では当たり前となっている丸坊主を廃止した。生徒たちの髪型に自由を与えたのだ。

「五年後、十年後にはもう丸坊主にしている学校の方が少なくなるんじゃないかなって思うんですよね。それほど時代は変わっている。今も野球界には並んで走るとか、よくないことが続いている。そういうものを含めて変えていければなと思います」

伸び悩む名門が下した決断

花巻東とほぼ同じ時期に丸坊主を廃止する決断を発表したのが、甲子園八度出場を誇る新潟明訓高校だ。二〇〇九年夏の甲子園で準優勝した日本文理などと並び、新潟県の高校野球を牽引する強豪校のひとつだ。

新潟明訓高校の歴史は古い。二〇二一年で創立百周年を迎え、文武両道を実践する学校として知られる。野球部も一九四七年に創部した古い歴史を持っている。漫画「ドカベン」のモデル校としても広く知られているが、甲子園の初出場は一九九一年。小林幹英投手（広島コーチ）を擁しての悲願だった。その後も甲子園に顔を出す常連校となり、最高成績は二〇一〇年のベスト8進出。名将・佐藤和也監督とともに甲子園の球史に名を刻んできた。

そんな名高い学校が丸坊主を廃止したのである。すでに、佐藤はその座を退いているが、チームが転換期を迎える中での一つの方向性を示したものではあった。

県を牽引する強豪校が、高校野球の象徴ともされた丸坊主からの脱却を図った。このニュースは、新潟県の高校野球界にとって大きいものだった。

二〇一九年の四月から監督を務める島田修は丸坊主からの脱却がチームの挑戦心の一つになっていると語る。

「部内のルールとしては、丸坊主禁止ではなく髪型自由だったんです。しかし、丸坊主をやめて髪を伸ばしていると、勝っているうちはいいんですけど、負け始めると周囲から言われるんです。『お前らそんな髪型しているから勝てねぇんだよ』とか。そう言われてみんなが怖がって坊主にしてしまうのでは意味がない。だから、去年も今年も、夏の大会が終わるまでは伸ばしてくれとお願いしています。それが終わったら自由にしていいと。現在、伸ばしている選手も丸坊主もいますけど、頑張って伸ばすことに挑戦しています」

高校野球はとにかく外野の声がうるさい。自分たちがやりたいと考えていたことを先に実践されたり、何か違ったことをやったりするとすぐに横槍が入る。イノベーションは周囲の反対から生まれるという言葉はあるにしても、高校野球界の反発意見には節操がない。新潟県が一時実施を発表した「球数制限」の際も、多くの反対に晒された。しかし島田は、そこから逃げることなく戦うことで「文化」を作り出すことに意義を感じている。

もっとも、新潟明訓がそうした挑戦へ舵を切った背景には、ちょっとした理由がある。ここ数年の新潟明訓の県内での評判が下降線を辿っていたからである。甲子園には二〇一二年以来出場がなかったし、校内においても応援してもらえないほどの存在になっていた。

甲子園の常連として名を馳せた学校や伝統校が転換期に差し掛かるときによくあることだが、前監督の功績が大きいと、後を引き継ぐ監督には大きなプレッシャーがのしかかる。スムーズに移行できるといいのだが、新任の監督が前任者を越えようと気負うと、それが反発を招くときもある。結果が出ないと焦り、チームは悪循環に陥る。そして組織は弱体化していくのだ。

そもそも、二〇一九年三月まで県の公立高校の教頭を務めていた島田が新潟明訓に招かれたのも、そうした窮状を打破するためだった。本来ならば、順調に出世街道を進み校長に着任するはずだった島田は、新潟明訓からの依頼に安住のレールから外れる選択をした。

島田は就任までの経緯を話す。

「学校の方からご依頼をいただいた時期は、校長になるための試験があったんです。どういう方が校長になっていくのだろうかと考えながら試験を受けていたんですが、ふと、この仕事は果たして僕じゃないといけないのかなと思ったんですよね。この決断が失敗になるかもしれないけど『お前しかいない』と言われるところに行って失敗するなら自分の責任だから、お引き受けしようと思いました」

とはいえ、このときの島田は高校野球の指導からは遠ざかっていた。早大を卒業後、一九九〇年高田工業（現上越総合技術）高校に赴任。その一年目にコーチとして甲子園出場を果たした。高田工業で七年、新潟南高校で九年、監督・部長として野球部の指導に携わった後、県の教育委員会に異動。野球の現場を離れたのだ。それから教頭となり、県の高野連の専務理事や、第1章でも紹介したように新潟県青少年野球団体協議会の副会長などを務めた。野球には関わっていたが、それは「指導」という形ではなかったのだ。

公立高校の先生や指導者が、私学から監督就任のオファーを受けるケースといえば、甲子園出場などの実績がある場合が多い。例えば県立宇和島東（愛媛）を甲子園に導き済美（同）で選抜制覇を成し遂げた上甲正典。竜ヶ崎一（茨城）や藤代（同）を率いた手腕が評価されて、常総学院（同）や専大松戸（千葉）の監督を務めた持丸修一。だが、島田のケースは、それらとは全く異なる性質のものだった。

ウィニングカルチャー

島田が自身の招聘理由を大きく理解できたのは、チームの指揮を執るようになって一、二ヶ月後のことだった。

「とにかく選手たちが一生懸命走らなかったんです。どん詰まりの投手ゴロを打ってもまともに走らない。ある練習試合では、一試合のうちに二人の選手がフェアの内野フライなのに、バッターボックスから出なかったということがありました。一度目のときには怒ったので、二回目はチームメイトから『走れ』って声が出たんです。それでも走らなかった。いや、走ろうとしたんですけど、プライドが邪魔してできなかった。そのシーンを見て、僕がこのチームに呼ばれた理由がわかりました」

勝つことよりも大事なことを伝えてほしい。それが島田の受け取った就任理由だった。新潟明訓に入学してくる選手は、県内でも相当なレベルの選手であるはずだ。ところが、試合で勝てなくなっていくうち、その現実と高校入学までに自身の中で培ったプライドとのギャップを埋められなくなっていたのだ。やるべきことだとわかっていても全力で走れないのは、選手たちの中の約束事がなく、それぞれがそのときに楽と思える方を選択しているからだなと、島田はそのときに気づいた。

全力疾走をしないなどの野球への姿勢は、攻撃時だけのものではなかった。当時の選手たちは、ノックでボールを弾いてミスしても、急いで拾いに行くことをしなかったのだ。取りに行ったとしても、だらだらとしていた。バッティングを待つときも、バットにお尻を当てて椅子がわりにしている選手もいた。

「新潟明訓の選手が全力疾走できないというのは、これは大事件だぞ」

島田は選手たちにそう伝え、初歩的なところからの改革を始めると決意したのだ。

とはいえ島田は、彼らの心を整えるだけで勝てなくてもいいとは考えなかった。まず、今の生徒たちに文化を植え付けること、継承すること。そして、その中で勝つことを目指す。勝つことが先に来ることはないが、スポーツの本質をしっかり理解した野球部を作ることを目指したのだ。

島田は続ける。

「ウィニングカルチャーという言葉を作って、その構築をしようと選手たちに呼びかけました。まず、チームに文化がある。その中で勝ちに行くということです。勝つのは大事なことですけど、相手に嫌な思いをさせる要素も含んでいる。つまり、勝ち続けるということは、嫌な思いをする相手が増えていく。僕の願いは、社会に必要とされる人間に高校生でなれることはできないけど、その基礎、触りの部分を身につけて出て行って欲しい、ということ。ウィニングカルチャーを求めていくことはそこと合致する。勝つことは決して無視していない。勝つために頑張るけど、嫌な思いをさせる以上は、負けた相手に『こんなチームに負けるなんて』と妬まれるのは情けない。勝っても負けてもカルチャーは残るはずですから、そこを意識していくと言うことです」

カルチャー、いわば文化を構築するために必要としているのが主体性だ。

島田の教育理念として、積極性、自主性、主体性を育むというのがある。これを小学生から高校を卒業するまでの十二年間で身につける。小学四年生までの間は、人から与えられたものの中で自ら楽しく取り組んでいく。次の四年間は、用意されたものの中から自由に選んでいく。最後の四年は、自ら何をするかまで考えて行動する。こうして積極性、自主性、主体性を育んでいく。

「カルチャーとは生活様式だと思っています。全力疾走など、こういう風にやるのだという約束事ですね。このプロミスの積み重ねがカルチャーになる。その最初に取り組んだのが全力疾走だった」

全力疾走をなぜやらないといけないかも説明した。

「準備・習慣・高校野球のために全力疾走をやる。守備の際は、守備位置に早く行って準備をする。刻々と変わる天候や試合展開を読んで準備する。次のバッターが誰であるかを考える余裕を持つことで、守備の準備ができる。攻撃時は、全力で戻ってくれば、今度は打つための準備ができる。習慣とは、準備のために早く動くことだ。これを習慣づけておくと、何が起きても対応できる」

最後の高校野球のための全力疾走は、深い話だ。これは、島田が県の教育委員会を経験した知見からの話である。

「高校野球のために全力疾走をするというと、球児はお客さんのためにやっているんじゃないというかもしれないですが、これは間違いだと思っています。高校スポーツの多くは高体連に所属していて、そこには税金が投入されているんです。インターハイなどに出場すれば、補助金としてお金を受け取ることができる。また、生徒たちは帰宅部であっても、高体連の協賛金を支払っているんです。しかし、高野連にはそれがない。つまり、観客動員のお金で大会が開催されている。そんな中でだらだらと試合をやっていたら、お客さんは見にきてくれない。高校野球に魅力を感じてもらうためにも全力疾走は必要なんです」

約束事を作ることが、カルチャーを育む。そして、その約束事に対して主体性を持って取り組むことが、チームのカルチャーをより強化することになるというわけだ。

島田が現段階で選手たちに求めているのは、時間の使い方だ。どのように使うかは自由にしているのだが、いかに主体性を持って取り組ませるかにポイントがある。新潟明訓は文武両道の学校であるため、野球部員であっても勉強をしなければならない。一日のスケジュールがタイトに組まれている中で、一時間余裕を持てる時間を作ることに取り組ませている。

どういうことかというと、就寝時間から逆算して一日の計画をコーディネートする。就寝時間から一時間前に自由時間を作るための行動を起床時からしっかり作り出し、自由な一時間を生み出すのだ。

どのようにコーディネートするかも、その一時間を何に使うのかもチェックしない。

島田はいう。

「時間への挑戦ということで、この取り組みをはじめました。選手たちにはそれぞれ目標があります。それを○○のためにと立て、一つ一つの行動がそこにつながっているかを意識して取り組ませているんです。余った一時間を勉強に当てたい選手はそうすればいいし、リラックスした時間にしたいなら読書やゲームをする時間に当ててもいい。そこは自由なんです。○○のために必要だと思うことを自分で考えるということです」

主体性はそれだけではない。新潟明訓の野球部には四つの班がある。風紀班、環境整備班、技術班、データ班である。

それぞれに役割はあるが、例えば技術班に求めるのは野球に必要なものだが、その際は監督が求めることだけを伝えて、取り組みは選手たちに任せるのだ。

「試合において二塁からヒット一本で生還できる走塁は試合の中で必要な要素だよな。それをできるようにしといて」

一から百まで教えない。選手にゴールだけを設定して、主体的に取り組ませるのだ。もちろんできないこともあるが、自身で考えさせることに意義がある。いわば、こうした繰り返しがカルチャーを育むというわけだ。

当然、ウィニングの環境づくりは欠かさない。

勝つために必要な技術を身につけるため、投手コーチとトレーナーを外部から招聘し、チームの強化に努めている。その人材は大阪から呼び寄せた腕利きの二人だ。

一人は大阪府立城東工科などで監督を務めた見戸健一、もう一人はトレーナーの河田繁治だ。

二人はもともとタッグを組んでいた名コンビで、大阪のごくごく普通の府立校を上位まで勝ち上がるチームに育て上げた実績がある。二〇〇六年にはプロにも選手を送り出している。

島田はいう。

「うちに足りないものの一つが、バッテリーの強化でした。その中で見戸先生と河田さんにきていただいた。彼らが汗だくになってやってくれると、生徒は変わります。ものすごくエネルギッシュで、選手とやりとりもしっかりしてくれている。十二年前に指導をしていた昔の自分はなんでもやりたかった。勉強に行って自分が教えたいと思っていましたけど、信頼できる人なら頼ったほうがいい。足りないものを埋めてくれています」

丸坊主、時間との戦い、○○のために主体的に取り組む。

ウィニングカルチャーという言葉を作って、その構築を目指す島田の話を聞いていると、彼が目指しているのはただ新潟明訓のためだけではないと感じる。そこにあるのは、もっと大きな志だ。

私学でも公立でも多くの監督は、自チームを勝たせる、あるいは良い教育をしようとだけ考える。それ自体が悪いことではないのだが、島田が考えているのはもっと先の目線だ。

新潟明訓という新潟県を引っ張る強豪私学がどういう野球をするのか。その中身次第で、県に与える影響も違ってくる。いわば、高校野球のチームのあり方の範を示そうとしている気がしてならないのだ。

丸坊主の廃止、髪型を自由にするという取り組みの深層にあるのは、今の高校野球界へのアンチテーゼではない。

最初にやれば批判を受ける。しかし、その批判を乗り越えた先に希望がある。そして、後に続くチームへの影響力となるのだ。

島田は理想像をこう語る。

「小・中学校の指導者に『明訓の野球を見ろ』って言ってもらうチームを作ること。甲子園の優勝ではなく、指導者が大事なことを教えたいときに『明訓を見てこい』と言ってもらえるのが理想ですね。変わってはいけないものが高校野球にはあると思う。一方で変わらなきゃいけないものがあり、それを変えていくことに挑戦します。変わらなきゃいけないものを変えていく。変わってはいけないものを守っていく。これには同じエネルギーとパッションが必要だと思います。そう言うものをふまえたチームを作って、『明訓の野球を見てこい』と言ってもらえたら最高です」

新潟県を長く牽引してきた私学の強豪高校が目指す模範となるべき姿。

彼らが目指すウィニングカルチャーは、今後の高校野球界の流行になるような気がしてならない。

第7章　サッカー界「育成のカリスマ」の試みから見えるもの

サッカーと野球――。

日本の二大人気プロスポーツながら、真逆の方向性に向かっている両競技が交わることとはあまり多くない。日本国内重視、親会社が主体となってチームを支える野球に対し、サッカーは常に世界との距離を測りながら、その立ち位置を少しでも上げようと努力してきた。

隣の芝生は青く見えるとはよくいったもので、ふだん野球を取材している筆者がサッカー界を覗いてみると、野球界よりも進んでいると思うことが少なくない。実際はそう簡単には比べることはできないのだが、それでも見比べることによって、野球界の課題が浮き彫りになるのもまた事実である。

サッカー界のよい傾向として挙げられることの一つに、サッカー界全体のために活動している指導者や経営者が多く存在することがある。自身のビジョンをチームづくりに反映させ、ビジネスとしても成功させている指導者が少なからずいる。その中でも、サッカー界において「育成のカリスマ」と高評価を受けている人物が、サッカーコンサルタントの肩書を持つ幸野健一だ。

本格的な設備を備えた地域の民間クラブ

一九六一年に生まれた幸野は、高校生だった十七歳の時に単身でイギリスにサッカー留学した。その後四十三カ国の育成機関を回るなどして世界のサッカー事情に精通、日本のサッカー界では知る人ぞ知る存在となり、サッカー界にたくさんの改革を起こしてきた。二〇二〇年には自著『PASSION 新世界を生き抜く子どもの育て方』を上梓。メディアでの活躍はもちろんのこと、プレミアリーグU－11の実行委員長を務めるなど育成年代の仕組みそのものを変える活動を進めている。一方で、二〇一四年にアーセナルサッカースクール市川（現在はFC市川GUNNERS）を立ち上げ、クラブ運営を通しても革命を起こしている。

「僕はこれまでもサッカー界のことを考えて行動・発信してきた。でも、なかなか思うように伝わってこなかった。自分の理想を追求するには、自分のクラブを作って、グラウンドを作ってやりたいと思っていたところに、そのチャンスが巡ってきた。自分の理想を追求することができるチャンスが巡ってきたので、それにチャレンジした。アーセナルサッカースクール市川からスタートして、日本がこうなったらいいなと思う理想のクラブを作ろうと取り組んでいます」

幸野が経営する、千葉県市川市にある市川GUNNERSは、地域の民間クラブとは思えないほどの本格的な設備を誇っている。フルコートのサッカー場、クラブハウスも有し、ナイター設備、保護者用の冷暖房つき見学スペースもある。さらにはテニスコートを完備して市民に提供するなど、地域のスポーツ文化向上にも寄与している。

もともとは草木が生い茂る何もない土地に「北市川フットボールフィールド」という看板を掲げ、二〇一四年にアーセナルのサッカースクールとしてスタートした。年を追うごとにカテゴリーのチームが増え、二〇二〇年には県社会人リーグの市川SCと業務提携。J1リーグ昇格を視野に入れている。

海外クラブのような経営を見せているという点で、日本では稀有なクラブと言えるが、幸野の指針は「ただ強いクラブを作ればいい」というものではない。日本のスポーツ界の常識をひっくり返すくらい、もっと奥深いものだ。

「ヨーロッパではどんな小さなクラブでも、クラブハウスとグラウンドを持っている。それがクラブの定義です。日本では関東リーグのチームでさえ、借り物のグラウンドであることが多い。では、そのチームにとっての風土やクラブの雰囲気、文化はどこにできていくのか、と思うんです」

スポーツが文化として根付いていない日本では、所々に海外との違いが存在する。スポーツをすること、見ることは人々に喜びをもたらすが、そのツールとしての認知が希薄だ。スポーツは日常生活と別にあるものとして捉えられ、オリンピックやW杯のような世界的イベントでは、選手たちの活躍はブームのように一過性のものとして報じられ、消費される。

スポーツが文化の一つであるという認識が薄く、スポーツを支える土壌もあまりない。スタジアムなどのスポーツ施設が公的な組織のものであることが多いのも、その原因であり結果なのかもしれない。

幸野は、そんな日本のスポーツ界の現実を直視して、立ち向かっている。彼の声を聞くと、スポーツ界の問題点が浮き彫りになってくる。

「日本にとってのスポーツは運動、つまり体育になっていると感じています。七十年以上前、戦後に国民を健康にするために運動をさせようと考えて、学校にスポーツ施設をどんどん作った。国民を楽しませようとしたわけじゃない。本来、スポーツはラテン語の『デポルターレ』（気分を変える、楽しむ）という言葉に語源があると言われているように、楽しむためのものであるはずだったのですが、学校に入れたことによって教育にすり替わってしまった。忍耐や努力、我慢、礼儀という教育的な要素になったのです。授業で体育を学び、中学生になると放課後に部活をやる。これが日本人のデフォルト。それはスポーツではなく体育と言えるのではないでしょうか」

千葉県市川市に城を構えた市川GUNNERSは、そうした「スポーツのあり方」に異議を唱える。Jリーグ傘下ではない、地域の町クラブが大きな城を構え、根付いていくことで、模範的なクラブの姿を見せようとしている。

とはいえ、地域の町クラブがグラウンドを所有することは、そんなに簡単なことではない。もともとないものを作り上げていくのには、莫大な費用がかかる。サッカー界、スポーツ界を啓蒙したいという思いだけでできるものではない。

幸野らがグラウンドを所有するクラブ経営を実現していくために見つけ出したのが、

一九九二年、イギリス・メージャー政権の時に生み出されたPFIという手法だ。Private Finance Initiative（プライベート・ファイナンス・イニシアティブ）の略称であるPFIとは、内閣府のHPによれば「公共施設等の建設、維持管理、運営等に民間の資金、経営能力及び技術的能力を活用し」て行う新しい手法とある。民間の資金や経営・技術的能力を活用することによって、国や地方公共団体の施設を効率的かつ効果的に使用して、サービスを提供するというものである。行政は資金はもちろん、経営に関してもいっさい口出しはせず、市民へのサービス提供は民間に任せる、ということである。

幸野はこの制度の有効性をこう語る。

「PFIはみんなに利益をもたらすシステムと言えます。市川市は、ここにあった空き地を市民に対してスポーツ施設という形で提供することになるわけだし、固定資産税を払っていた土地を貸し出すことで、我々のクラブから賃借料が入る。僕らはファンドで集めた資金でグラウンドを建設し、民間会社としてスクール事業で利益を出していく。サッカークラブがあることで子どもたちも喜ぶわけですから、四者がみんな幸せになる。どこかに負担がかかることなく、みんなに利益があるんです」

PFIでなければいけないのは、経済的な理由が一因としてある。通常、自前で土地を購入してサッカーグラウンドを造ることになるわけだが、その場合、初期費用に莫大な金額がかかってしまう上に、サッカーグラウンドの場合はサッカー以外に使用することが難しいこともあって、ペイすることができなくなる。だがPFIを活用すれば、少なくとも自前で土地を購入する必要がなくなって初期費用を抑えられるようになり、その分の資金を他に回して質の良いサービスを提供できるようにもなる。

とはいえ、一億〜一億五〇〇〇万円程度の回収は必要になるが、そこは幸野の経営手腕がものをいう。

「永続性が大事。そのためにはみんなが気持ちよくやれる仕組みが大事なので、そこそが続くかどうかの分かれ目なんですよね。大事なのは中身。ソフトの部分になってくる訳です。ボランティアのお父さんコーチを連れてきて月謝三千円の少年団では、経営を支えるのは難しい。ある程度お金を取れるほどのものを作らないといけない」

そうした考えから、イングランド・プレミアリーグの名門・アーセナルとの業務提携を結んだ。アーセナルには、データに基づいた、百四十年近くの歴史を誇る育成メソッドがある。そのノウハウと、「アーセナルサッカースクール市川」というネームのインパクトを強みにして、市民・子どもたちに訴えたのだ。

二〇一九年にアーセナルの本部がサッカースクール事業の全世界的な育成方針変更を行い、世界約二十カ国のスクールを閉校したことで、現在は市川ＧＵＮＮＥＲＳとして活動しているが、ソフト面を進化させていく意識はアーセナルと提携している時から積み重ねてきた。現在は、元スペイン代表のリカルド・ロペスをクラブアドバイザーに招聘するなど、ソフト面の充実は「Ｊリーグにも勝る」と幸野は自信を口にするほどだ。

科学的、かつ合理的な育成メソッド

そんなクラブの大きな柱となっているのが、テクノロジーの充実と、詳細にまとめられたチームの育成メソッドだ。

幸野が説明する。

「ＰＦＩを利用してグラウンドを持つことはできましたけど、その際に必要になった一億五〇〇〇万円を回収するためには、高収益なクラブにしていかなきゃいけないという課題がありました。そこで、僕らが何をするべきかというと、価値を作り出すこと、つまりクラブとしての価値を高めることです。そこに注力した。まず子どもたちにとって、サッカーの何が楽しいかといえば、試合に出場すること。特に小学生年代から中学前半までは、できるだけ全員を試合に出すことを最初のチームの決め事としました。ただ、全員出場はするけれどチームが弱いというのもダメで、強くするための努力をする。全員を試合に出しながら強いチームを作ることは二律背反なんですけど、この二つを追い求める。そういう方向性でチーム運営をしました」

そのために、データの集積を綿密に行った。まず、選手全員の出場時間を管理して、極端に試合出場時間が少ないことはないようにしている。試合出場が確保されるため、子どもたちは安心してクラブに入会する。一方、映像分析アナリストを雇い、選手個々の動きのレクチャーを練習前の時間を使って行う。こちらは勝つためのアプローチだ。

昨今のスポーツ界はサッカーのみならず、サイエンス化の進歩が著しい。市川GUNNERSでも最新の映像システムを使用して、選手を効率よく育てるための取り組みに着手している。こうした取り組みの一つ一つが、クラブの価値を高めるのだ。

「認知・判断・実行。現在サッカーにおいて必要な要素だと言われています。まず状況を把握して、決断して行動に起こす。日本にはドリブルスクールが存在しますが、これは世界的には極めて珍しく、正しいものとは言い切れないんですね。サッカー選手を育成していくには、認知・判断・実行ができないことには試合でのパフォーマンスにはつながらない。そのために、映像解析などを使って選手たちにプレーの質を求めていく」

チームに所属する選手の月謝は二万六〇〇〇円と、一般のクラブに比べて高額なのはそのためで、選手の保護者たちはそれだけの月謝を出す価値をクラブに見出しているのである。クラブを評価するのは「月謝が高い」という一般論ではなく、市場であるのだ。

市川GUNNERSの育成メソッドで他に類を見ない点、何より驚かされる点は、各ポジションごとに求められるプレーの種類がきっちりと記されているところだ。例えば、サイドバックは攻撃の時どうすべきか、守備時にはどの位置からプレスをかけるべきかなどが、詳細に明記されているのだ。プレーモデルというらしいが、全てのポジションについてそれらのファイルがある。

幸野が力説する。

「アーセナルとしてスタートした時は基礎的なメソッドがあって、研修を受けるんですけど、そういうところから僕ら独自のものを保とうとして、メソッドを研究して何年もかけて作り上げてきた。サッカーは守備と攻撃が四つの局面に分かれていて、攻撃の時はどういうことをしなければいけないか。攻撃から守備、守備から攻撃に移る局面で何をすべきか、全てが決まっているんです。ただ、これはビジネス的にいうと、当たり前のことだと思うんですよ。日本人は丁稚奉公じゃないけど、見て覚えろという考えですが、世界的なレベルでは通用しない。すべてプレーモデルによって作り上げられている。選手たちが連動して行った方が相手より一瞬早く動ける。その方が論理的じゃないですか。それで勝っていくための分析と研究をいつもしているんです」

二〇二〇年に県の社会人リーグに所属する市川SCと業務提携した市川GUNNERSは、将来的にはJ1リーグ昇格を目指している。グラウンドの所有という城を作ることからスタートしたクラブは、地域の心の拠り所として根付く運営に一歩一歩近づいてきているのだ。

彼らが今、起こしている変革の一つ一つはサッカーのみならず、育成の模範として、これからも注目を浴びていくことだろう。そして、サッカーコンサルタントとして国内外、全国を飛び回る幸野の声に続くものたちの存在が、サッカー界、ひいてはスポーツ界を大きくし、一時期のブームではなく文化としてスポーツが定着していく一つの礎になるだろう。

百%の力を出せる練習時間

一方、幸野がクラブづくりと並行して続けているのがサッカー界の仕組みづくりへの貢献だ。先ほども書いたように、日本のスポーツ界には「部活文化」が染みついていて、スポーツが本来の目的とするところの「楽しみ」を享受できない環境になっている。

スポーツが教育の一つのツールとして扱われ、努力・忍耐がベースにある。これはサッカーに限ったことではなく、ほぼ全ての競技に共通することと言える。高校野球はその象徴的な存在だ。甲子園のアルプススタンドには、百人ほどの控え部員がいる光景をよく見かけるが、彼らは楽しむことよりも我慢することを覚え、三年間の高校生活を終えていくのだ。

もっとも昨今は、そうした部活のあり方がスポーツ庁の指針をもとに改められ始めているが、幸野はサッカーコンサルタントとしての活動を始める以前から、日本のスポーツ文化、いわゆる部活に問題を感じていた。

「僕は十七歳の時に単身でイギリスにサッカー留学をしました。なぜ日本と世界にはこんなに差があるんだろうと。そんな疑問を解き明かしたかった。きっと『巨人の星』や『タイガーマスク』みたいに秘密の練習でもあるのではないか、くらいに思っていた。しかし、いざイギリスに行ってみると、やっていることは日本と変わらない。異なったのはインテンシティの違いだった。練習から試合のような気持ちで臨んでくる姿勢に大きな違いを感じた」

インテンシティとは「プレー強度」と言う意味だ。世界は試合で勝利する喜びを得るために、練習からファイトする。全ての練習は試合に直結しているのだ。それに対し、日本はみんなで同じ練習をすること、我慢する時間を共有することに時間が割かれ、練習のための練習をしている。勝敗を競い合うスポーツの楽しみをする風土がない。

海外のサッカークラブでは、九十分以上の練習をすることはほとんどあり得ないそうだ。なぜならサッカーは九十分のスポーツであるから、選手は九十分で百%の力を出し切ることに重きを置く。それ以上の練習時間になると強度は八十%、七十%と落ちてしまうと考えられている。

練習時間が長いと、誰でも体力を残しておかなければならないと考えるだろう。これに加えて、正規の練習が始まる前に朝練や過度な走り込みなどをやれば、すでに百%の力は発揮できない状態になる。つまり、日本で日常的に行われる練習は、試合で勝つための練習ではなく、練習を乗り越えるための練習になっているというわけである。

「海外の選手たちは普段じゃれあっていても、練習がスタートした途端、戦うマシーンに変わる。いきなり削られて、膝当てを割られて、紅白戦で胸ぐらを掴まれて、殴られそうになったこともありました。無茶苦茶激しい。一学年で、二、三人がクビになる世界なんです。日本は中・高校生でクビになるスポーツはありませんよね。結局、守られちゃう。そこが世界と日本の差です。常に追われている意識を持っている。競争原理が成長させる原動力なんです。日本と世界との差は環境の差であって、能力の差じゃないんです」

トーナメント方式の弊害

日本ではスポーツを体育にしてしまったことも、世界との「環境の差」と言えるが、もう一つ、日本の多くの競技において本来の目的を奪っている「環境」として、育成年代において、トーナメント戦で覇権を争っていることがある。

幸野は世界を転々とする中で、海外では当たり前となっているリーグ戦文化との違いが、日本のスポーツ界に与える影響が計り知れないと感じてきた。

「百六年前から始まった甲子園がトーナメント方式で行われ、天国か地獄かの戦いをやり、ドラマチックな試合を生み出した。でも、それは見る側が感じるドラマであり、本来、この年代のスポーツは選手のためのものでなくちゃいけない。甲子園によって、スポーツが観客やテレビの視聴者のものになってしまったんです。その結果、莫大なお金が動くようになり、変えることができなくなってしまった。その元凶にトーナメント文化があるとも言えるんです」

トーナメントのノックダウン方式になったことの影響をどれほど日本のスポーツ競技団体は考えてきたのか。甲子園のドラマが日本のスポーツを彩る理想の形とされ、正月の高校サッカーの選手権を始め、ほとんどの競技がこの形式を踏襲している。

一発勝負の形式の影響としてまず考えられるのは、試合に負けた時点で敗退が決まるために、チャレンジができないことだ。部員をどれだけ多く抱えても、レギュラーメンバー以外を試す機会が持ちにくい。

試合に出場することができなければ、選手は競技を楽しいと思うことができないのはもちろんのこと、自身に何が足りないかを実戦経験からフィードバックすることもできない。残るのは「自分は試合に出られなかった」「下手くそだ」という喪失感だけで、これでは競技を続行する気になりにくい。

そうして何人もの才能が切り捨てられてきた可能性がある。しかし、これをリーグ戦にしてやるだけで、大きくスポーツ界の仕組みを変えることができると幸野は考える。

「育成年代においては、早熟という言葉を考慮しないといけない。リーグ戦というのはヒエラルキーを作るんですよね。それが大事であって、選手を守ることにつながる。例えば、弱いチームに一人だけ飛び抜けた選手がいることがある。そのチームは弱いために三部になる。しかし、その飛び抜けた選手は一部でやりたいって思いますよね。すると一部のチームを受けるか、引き抜かれる。一方、その選手が入ったことで、今度は一部にいたチームでは先発に入れなかった子をクビにしなくてはいけない。でもその子は代わりに下部リーグでレギュラーになれる。つまり、それぞれがレベルに合わせたリーグに行くことになる。早熟の選手もいれば、遅咲きの選手もいる。技術はあるのに成長が遅くて体がまだ小さい選手もいる。リーグ戦をやれば、みんなが幸せな場所に行くことで、それぞれが力をつけることができる。ヒエラルキーを作っておけば、みんながそれぞれの階層で楽しい。拮抗したレベルの試合を実現することが大事で、そうすることでみんなが幸せになるんです」

幸野は現在、プレミアリーグU‐11を組織している。中高生のカテゴリーにおいてはリーグ戦化が定着している一方、この世代はリーグ戦の浸透が遅かった。日本サッカー協会が主催すると平等性を担保できないために、幸野が私設のリーグを作ったが、今や三十七都道府県で開催する日本最大規模のリーグへと成長を遂げている。

そこでのレギュレーションは、やはり全員出場や同じチームとの対戦が二度あるなどの、プレイヤーにとって意味のあるものばかりになっている。ドラマ性を生むことが目的とはされていないのだ。

選手全員が試合に出るチームこそ伸びる

試合は十五分の三ピリオド制で行われ、選手全員に一ピリオドの出場が義務付けられる。どう起用するかはチームの裁量に任されていて、三ピリオドとも試合に出場する選手ももちろん存在する。

もっとも、それでも目先の勝利に固執して、固定メンバーで戦おうとするチームも存在する。どういうことかというと、そもそも試合にベンチ入り可能な人数を全て連れてこないのだ。起用したい選手をメインとしたメンバーで戦うのだ。

幸野はそうした起用はリーグ戦そのものの趣旨を理解していないと感じる一方で、最終的に選手の成長が見込めるのは、多くの選手を出したチームなのだと断言する。この言葉こそ、この世代にリーグ戦を定着させることの価値を説明している。

「レギュラーしか出さないチームは、上手な選手とうまくない選手の差が大きくなって、練習が緩くなるんです。なぜなら、練習相手としては相手にならないから。そして、うまくない選手は『どうせ試合に出してもらえない』と思ってやるため、モチベーションが低い。しかし、全員の選手を出すチームは下手な子ほどうまくなっていく。それを見て、もともと上手かった選手は控え選手を相手にできていたことができなくなってくる。例えば、ドリブルでかわせていた相手がかわせなくなる。だから努力しなければいけなくなる。バチバチやる環境になって、百%でやる選手が生まれてくる。三ヶ月も経つとチーム力が逆転するということがあるんです」

リーグ戦は、選手が勝手に自ら考えるようになる仕組みだとも幸野は言う。目先の試合ばかりに囚われず、反省を次に活かすことができるからだ。同じ対戦があるとなれば、そこでの反省は次回の対戦までにしっかりイメージできる。試合での反省をフィードバックでき、成長につなげられるのである。トーナメント方式だと負けることに恐れがあるから、それができない。

試合の起用が特定の選手に偏り、チーム全体の意識高揚を生み出せないから、指導者の多くはきつい練習を課すことで、それらを乗り越えた一体感を生み出そうとする。「教育」に訴え、補欠でも嫌な顔をすることなく取り組むことが、人生の財産になると教え込むと言うわけである。

日本の教育システムがいますぐ大きく変わることはない。だから、スポーツに教育が入り込んでいる現在の部活制度を改めることは容易なことではないだろう。ただ、幸野が自ら運営に乗り出したリーグ戦のように、仕組みを変えることで日本のスポーツのあり方が変わっていくきっかけはこれからも生まれてくるだろう。

次の幸野の言葉は、スポーツに関わる指導者・経営者に対する強烈なメッセージだ。

「僕は日本中を回ってセミナーをやるんですけど、サッカーを教えているだけのクラブは生き残れないと話しています。ビジネス的な観点から見たら、選手（お客様）は神様だという感覚でいないといけない。子どもに怒鳴りまくって試合に出さないみたいなことをやっているビジネスが許されるのは、スポーツの世界だけ。こんなことをやっていたら、スポーツ界は終わりますよ。現代にはゲームや楽しいアミューズメントがある。今こそ変わらないと、僕らの未来はないんですよ。少年スポーツの未来は、野球もサッカーも、今こそちゃんと考えましょう。なぜスポーツをやるのか、なぜ子どもたちにとってスポーツが大事なのか。それを理解できなかったら、スポーツ界が廃れてしまう。決して日本人に能力がないわけじゃない。世界との差は能力ではなく環境の違いだと思います。常に選手が頑張らないといけない仕組みを作ることが大事なんです。サッカーが日本のスポーツの一番最初を走って、全体を変えるための役に立ちたいなと思っています」

サッカー界の育成年代のリーグ戦導入は今から二十年以上も前に始まったことだ。いまだ変わる気配のない野球界は、サッカー界が起こしてきた改革に耳を傾けるべきなのかもしれない。

男のスポーツ＝野球の時代は、三十年以上も前に終焉している。それどころか、スポーツは多様化し、さらに子どもが楽しむためのツールは果てしなく多くなっている。その中で野球が選ばれていくためには、今、何が必要とされているか考えなくてはならない。

視聴者や観客が喜ぶための甲子園。本屋にずらっと並ぶ名将をもてはやすかのような書籍の数々。それは本来、おかしな話なのだ。

主役になるのは選手たちである。そのことを忘れてはいけない。

第8章　テクノロジーが、選手を強くする

社会人野球のテレビ中継でお馴染みの実況アナとして知られる中田浩光が実感を込めて説明していたのが印象的だった。

「選手の数だけ、特徴があるということですね」

東京オリンピックの影響によって七月開催から十一月にずれ込んでいた二〇二〇年の都市対抗社会人野球大会。テレビ中継の実況アナウンサーの中田が感慨深く語ったのは、今大会の中継からトラックマンデータを取り入れた解説が導入され、選手の能力を可視化する取り組みが始まったからだ。

これまでの野球中継は実況と解説、リポーターの三者で行われるのが通例だったが、この大会ではアナリストがデータ解説者として中継に参加。球場に備え付けられたトラックマンデータを参照して分析し、選手の特徴を伝えていたのだ。

トラックマンとは「TRACKMAN社」が開発した弾道測定機器のことだ。軍事用レーダー技術を転用した計測機器で、ボールの軌跡を高い精度で記録できる。ゴルフなどでもスイングのメカニズムを科学的に分析できることから普及が進んだ背景があるが、メジャーリーグでは二〇一九年までに全球団が使用（現在はホークアイに移行）し、日本でも広島を除く全ての球団が本拠地球場に設置している。

中田アナはアナリストの解説に感嘆し、そして、いつもは戦術の解説をする評論家たちも「データを元にすれば、目標の選手に近づかせる育成もできる」などと述べ、味付けとしてのデータ活用を大いに歓迎していたのだった。

このように、昨今の野球界はテクノロジーの活用が著しい。プロ野球の十一球団の本拠地球場にトラックマンが設置され、各球団はこれまでは得ることができなかったデータを元に戦略を練っている。集積されるデータをどう運用するのかは球団によって異なるが、変化は確実に起こっている。

二〇二〇年の都市対抗野球においては、このトラッキングデータを活用して新しい野球の見方を提供する試みが行われていたのだった。例えば、決勝戦のデータ解説を担当したスポーツ科学者の神事努（ネクストベース社取締役）は、大会の首位打者賞を獲得した佐藤竜彦の特徴を中継の中でこう解説していた。

「佐藤選手は準決勝でグランドスラムを打ちました。この時の打球速度が一八〇キロ、角度は二十五度で、長打が出やすいと言われるバレルゾーンのど真ん中の数値を出しています。飛距離は一三三メートル、佐藤選手はかなり振ることができる選手であり、コンタクトする能力もあります」

これまでの解説では、打者の力強さをパワーやパンチ力などを使って大まかに解説してきたが、このようにホームランが出る構成要素をデータによってより詳細に明らかにすることが可能になった。

選手によってバットスイングの角度が異なるのは想像できると思うが、同じホームランでもどのようにアプローチして生まれたかが、データによって証明される。サイエンス化によって、野球の面白みそのものが増すというものである。

「ホームランの打ち方」が分かる

ここで興味深いのは、こうした分析によって、ホームランを打つために選手がどのような能力を持つ必要があるかが明確になっていくことである。神事の先の言葉を借りれば、長打が出やすいゾーンでスイングすること、打球速度をあげることでホームランは出る。つまり、打者はそのことを意識してスイングを作り上げればいいということになる。データを基にすることで課題が明確になり、目標の選手像に近づきやすくなる。

これらの取り組みに関してはメジャーリーグの方がはるかに進んでいる。マリナーズの菊池雄星投手は、こう語っている。

「アメリカには三つのタイプのコーチがいます。一人は元選手の技術を教えるコーチで、投手の場合、フォームの欠点を指摘してくれる。もう一人は、バイオメカニクスに詳しいコーチで体の専門家。最後の一人がデータから問題点を指摘していくコーチです。調子が悪くなった時は、あらゆる視点から悪い部分を修正します。ある時は技術的な指摘を受け、ある時はデータ上の問題点から入る。ここの数値がおかしいのは体のどこかに問題があるから少し練習量を減らしてみようか、という風な話をしてもらうこともあります。データが入ることでいろんな部分からアプローチできるので、不調から早く抜け出せます」

日本でもアナリストをチームで雇っているケースは少なくない。しかし、ほとんどは戦術的なアナライズを目的としているので、選手の特徴を可視化して、選手の成長や良し悪しの見極めに活用しているケースは多くない。

日米の大きな違いは情報開示だ。メジャーでは、トラックマンデータは全球団はもとより一般人でも参照できるが、日本の球団の多くはトラックマンデータを公にしていない。中継局が多少のデータ使用の許可をもらうことはあるが、基本的には得られたデータは球団が独占している。そのため、一部でしか楽しむことはできなかった。

都市対抗野球の中継で行われていたアナリストによる解説は、野球を科学的なアプローチから見るとさらなる発見があることを、一般に広く伝えた初めての試みと言える。プロはもちろんのこと、高校野球や大学野球などよりも先進的な取り組みだった。

中継上で公開されるデータに限りはあったものの、アナリストが見ることができたのは詳細なデータだった。それを基に解説するため、視聴者は選手の詳しい力量を知ることができた。さらには社会人野球の元監督などが務める解説者たちも意欲的にコメントに活用し、データと掛け合わせた選手心理や戦術の深みを語るなど、解説のレベルも明らかに高度化した。

もっとも、社会人野球だけがこの画期的ともいえる取り組みを始められたのは、野球のサイエンス化に関する理解が社会人野球全体に徐々に広がっていたことに加え、社会人野球全体に生まれていた危機感も背景にある。

ここ数年、社会人野球の日本代表は、ライバルとなる韓国や台湾との戦いで、劣勢を強いられることが多くなっていたのだ。その要因はテクノロジーの活用の差にあった。日本は世界から遅れを取っていたのだ。

このままではアジアで勝てなくなると踏んだ社会人野球日本代表の監督・石井章夫は、アメリカ・アリゾナのフォールリーグを視察し、その実態の調査に行っている。

石井は、世界で起きている現状を目の当たりにした時、相当な遅れを感じたという。

「メジャーの取り組みについて、噂には聞いていました。アリゾナに行って、科学的なデータを駆使してやっている現場を生で見て、失礼ながら日本の野球と比較すると、これは相当な開きがあると感じました。台湾も韓国もアメリカに習っている。この時に強い危機感を抱きました」

これを機に、社会人野球はテクノロジーの活用に積極的になった。最初の取り組みは石井が指揮する日本代表の合宿でのことで、ここにテクノロジーを活用した機器を積極的に導入した。ここでの体験をきっかけに、テクノロジー活用のムーブメントが社会人野球全体に広がっていったというわけだ。

石井はいう。

「JAPANの合宿で、データを基にしたプレーというのを取り入れるようになりました。ネクストベース社の協力を得て、ボールの回転数やスイングスピード、スイングの角度などを測定することが実現したのですが、実践してみて感じたのは今の時代、選手側の関心が思った以上に高いということです。最近はYouTubeなどでメジャーの情報も多く取れますので、参考にしているのでしょう。今回の中継でも、情報の開示をどこまで行うかという問題はありましたが、選手・指導者ら現場サイドの理解がありましたので、実現につながったと思います。社会人だけが良くなればいいとは思っていなくて、野球界のどの階層とも思いを同じくして、必要なデータを共有したり、可能なものは一般にも公開できるようになって欲しいと個人的には思っています。公開すれば人は関心を持ち、学び、それを活かそうとするでしょう。それを手助けするアナリストも増えていきます。そして、増えてくることで研究の質も高まってくるはずです」

個人ベースでアナリストと契約する選手たち

一方、情報開示に消極的なプロ野球では足並みが揃わないものの、選手個人ベースではアナリストたちと個人契約しているケースが最近、増えてきている。

菊池も日本時代からネクストベース社とタッグを組み、ピッチングの微調整や再現性を高めることに取り組む選手の一人である。

取材の中で記憶しているのは、アメリカに渡る前の二〇一八年シーズンのことだ。調子の悪かった菊池は、投球フォームの改善にデータからアプローチして調子を戻すということがあった。それは、彼自身の感覚とのズレを埋めることができる作業で、データは大いに参考になったという。

「二〇一七年と比べて、リリースポイントが九センチくらい上がっていたんです。トラックマンデータを見て知りました。この年は開幕前に少し怪我をしていたんですよね。その影響があったのかもしれません。二〇一七年のリリースポイントは自然と腕が振れる場所だったので、そこへ戻そうとしました。今までは感覚でしかなかったことが、数値だと統計や傾向が出るので、納得できるんです」

チームに戻れば技術を指導するコーチがいる。そのため、フォームのチェックはコーチと話し合いを行っていき、データの部分においてはパーソナル契約を結んでいるアナリストと連携していたということである。

ここ数年、プロで活躍する選手の中にはチームに頼らずパーソナル契約を結んでいるケースが増えてきていると感じるが、これは偶然ではないだろう。二〇二一年のソフトバンクの開幕投手を務めた石川柊太は、オフになると「コウノエスポーツアカデミー」が主催する自主トレ合宿に参加している。石川は、アスリートコンサルタントの鴻江寿《こうのえひさ》治《お》の助言を基に成長を遂げた。また、石川は二〇一八年ごろから、オフになるとチームメイトの千賀滉大とともに、ダラスにあるダルビッシュ有（パドレス）の自宅を訪れ、自主トレをこなしている。

メジャーでの活躍が著しいダルビッシュは、野球界の中でも指折りの研究家だ。データによるピッチデザインに取り組み、トレーニングやサプリメントについても独学で学び、成長につなげている。石川はそうしたダルビッシュの姿勢に触れることで、トレーニングやデータ、新しい練習方法を見つけ出す努力を惜しまない。

石川はいう。

「先手先手で、情報を仕入れる状態にしていかないと、遅れていくというのはあります。『え？　何それ』って一年後に知ったら、本当に遅い。一年の遅れをとってしまうことで、野球人生が大きく変わってしまう。先をいけるようにやっているつもりです。千賀ともよく『あの動画、見た？』という会話をします。何かあって、興味が湧くのではなくて、日頃から興味が湧くようなマインドづくりを自然とできるようにしています」

いま、第一線で活躍していけるような選手になるには、チームに頼るだけでは不十分で、個人でいかに練習法や最新式の取り組み方にアンテナを張り巡らせられるか、自身をメイクアップしていけるかが問われているのだろう。

トラックマンは球場に設置してあるもので、試合でのデータ集積しかできないが、ブルペンなどには簡易に設置できる機器として「ラプソード」が使用されている。第4章でも触れたが、ラプソードではピッチングとバッティングのデータを分析することができる。ピッチングでは、球速はもとよりボール回転数や回転軸、変化球の変化量などだ。バッティングにおいては打球の角度や速度などがわかるようになっている。プロ野球選手のオフのトレーニングなどで活用されることが多く、ボールをトラッキングしていくことで選手の育成やピッチングのスキルアップに一役買っている。いわば、個人ベースでも能力を高めることができるのだ。

第4章で紹介したパフォーマンスアップスペシャリストの高島誠は、すでにそれらを取り入れている。彼の場合、アマチュアの選手とともに、プロ選手ともパーソナルトレーナー契約を結んでいて、ラプソードやハイスピードカメラを使って、選手のパフォーマンスアップを後押ししている。かつて高島に取材に行った際、まさにある球団の選手たちが自主トレーニングをしていたのだが、高島はラプソードやハイスピードカメラを使って、一つ一つ選手にアドバイスしていた。そのやりとりは、まさに野球指導の新しい形だった。

高島はデータ活用の有効性をこう説明する。

「選手の納得度が格段に上がりましたよね。これまでも納得するように説明はしてきましたけど、数字にすることが説得力になるというか。なので、僕はラプソードがアメリカで発売されたらすぐに購入しました。

先ほど、ある選手とのやりとりでは、ラプソードとハイスピードカメラを使って彼自身の感覚とすり合わせました。具体的にいうと、ストレートを投げているのに、カットボールの成分が出ていたんですね。カットボールとしてはいい球ではあるんですけど、ストレートのつもりで投げているんだとしたら、それはボールが垂れているということになります。それを確認していました。本人はストレートの意識だったので、それじゃ弱いよね、と。どういう体の使い方をすればカットしないか。手先で外に投げようとしていたので、もうちょっと前にいかないといけないよね、と。お腹を使って投げてみてはどうか、などという話をしています」

高島の場合は、データ解析ができる上、トレーナーとして投球フォームに関しても指導することができるので、余人をもって代えがたいスペシャリストと言える。さすがにこれほど上質なトレーナーに出会って継続的に指導を受けることは誰にでもできることではないが、投球フォームなどの大まかな部分をチームのコーチに頼りつつ、ラプソードを購入してピッチングを見直す作業は個人でも実現可能になった。プロ野球の選手がラプソードを購入している、という話はそれほど珍しくなくなってきている。

異次元の投手、天理高校・達孝太

そうした個人ベースでの取り組みがここへきてアマチュアレベルでも行われるようになってきている。ラプソードを個人購入してスキルアップを目指す高校球児が登場し始めたのだ。

そのうちの一人が、二〇二一年春のセンバツでベスト4入りした天理高校のエース・達孝太選手だ。

達の頭脳はこれまでの高校球児とは少し異なっている。まったく新しい発想の選手だ。

高校一年生秋の大会では、控え投手として近畿大会を制覇。各地区の優勝校が集まる神宮大会に出場すると、準決勝の中京大中京戦で八回途中まで五安打五失点と好投。将来の有望株として注目を浴びると、試合後の会見で「高校卒業後にメジャーリーグに挑戦したい」と大胆な夢を語ったのだ。

かつて菊池や大谷翔平がそうであったように、若い世代のメジャー志向は年々、増加傾向にある。しかし、彼らがその想いを口にするのは高校三年夏の大会を終えてからがほとんどで、プレーの真っ最中の有望株がメジャーへの夢を語ることはほとんどなかった。

これには野球関係者の多くが呼応して話題となり、達はチームから発言を慎むように言われたという。その是非はさておいても、達はそれほど変わり種の選手だった。

筆者はその場に居合わせなかったから、どのようなシチュエーションで彼の夢が語られたのかは分からないが、ネットで拡散された記事には「高卒メジャー志望」の見出しがついたものがあり、彼の所属する天理高校内ではちょっとした話題になったそうだ。

ネットの記事を見たときは、大胆な発言に思えた一方、堂々と夢を語る高校球児の登場には喜びを感じた。ただ、見出しが見出しだっただけに、チームを指揮する天理・中村良二監督としても弁解せざるを得なくなったようだ。

中村はこう釈明した。

「メジャーリーグを目指したいとは言ったみたいなんですけど、日本で活躍してからという意味だったつもりが、ネットにはそんな記事が出ちゃったみたいですね」

なお、この騒動以後はメジャーのスカウトから視察の連絡がいくつか入ったそうである。喜ばしい話である。日本有数の有望株が日本だけでなくアメリカからも注目を浴びるのだ。

二〇二〇年一月、そんな達の元を訪れた。もともとの目的は出場が決まっていたセンバツ大会への意気込みを聞くという主旨だったが、「メジャー志望」騒動があったこともあり、どうしても本人に直接、話を聞いてみたかった。

かつて菊池雄星は「メジャー志向」を口にした途端、世間からの大バッシングを浴びた。その渦中を知っていただけに、この新しい時代の有望株が何を考えているのか知りたかった。

練習の合間を使ってインタビューをすると、一年生（当時）らしい初々しさはなく、自分の言葉をしっかり口にする球児だった。メジャーの夢は現実的に捉えていたもので、想像していたよりかなり高いところを見据えている、というのが取材の印象だった。

達はこう語っている。

「目標とする選手はマックス・シャーザー（ナショナルズ）です。あの力感から、メジャー全体では二番目の回転数のボールを投げている。自分もああいうピッチングができる投手になりたいです」

「球速」を語る高校球児は数多いるが、達が「回転数」を口にしたのには驚いた。サイエンス化が進む野球界では、打者から空振りを取るための要素として「回転数」や「回転軸」が一大テーマになっている。高校生の達の頭の中にも、すでにそれがインプットされている。

達の知識はこれだけではない。球速について尋ねると、独自の見解を披露した。

「一五〇キロまでは出せたらなって思いますけど、それ以上はあんまり意識していないですね。スピードが出過ぎると、故障のリスクもあるって聞いたんで、一五〇キロくらいで止めようかな、と」

球速と故障リスクとの関連については様々なところで語られているが、高校一年生にしてしっかりと知識を得ていることには感心せざるを得なかった。達は野球界の中で起きている現象をしっかりと直視した上で、夢を語っている。それは、彼が投手としてのレベルが現時点でどの程度のところにあるかとは関係なく、大事な素養だろう。

そんな球児だから、高校生にとっての夢舞台である「甲子園」についてもちょっと異なった発想を持っている。

「正直、甲子園はそこまで意識していないですね。どうでもいいって言うか。高校で甲子園に出たからといって、特別なことがあるものでもないし、最終的にメジャーリーガーになれたらなという感じなんです。甲子園に出るといろんなチームと対戦できるので、出場できるのはいいんですけど、甲子園にこだわっているわけではないんです」

もっとも、達は甲子園を軽視しているわけではない。

「甲子園という舞台は、いつもよりたくさんの人が見ているわけで、その中でいかに、自分が落ち着いていつも以上のピッチングができるか」

そういう視点で見ているのだ。

甲子園という舞台には高校野球界のトップクラスの選手が集まり、注目を浴びる。自分の力量がどのレベルにあるかを測る上では、確かに絶好の機会である。

メジャーリーガーを目指す過程に「甲子園」が存在する。高校時点で彼ほど大きな夢を描く選手はそう多くいないため、達だけが特別に映ってしまうかもしれない。しかし、本来実力のある選手なら、最高峰の舞台としてメジャーリーグを目指すのはごく自然なこととも言える。達だけが特別に映るとしたら、それは野球界そのものが夢を語りにくい空気にあることの証なのかもしれない。

「夢」ではなく現実的な「目標」を語る姿勢

結局、二〇二〇年は新型コロナウイルスの感染拡大によって、甲子園は春夏ともに中止。この年、彼のピッチングを多く見ることはできなかったが、二〇二〇年秋の近畿大会を勝ち抜くと、再開された二〇二一年のセンバツ大会に出場。そこで前評判以上の活躍を見せた。

一回戦の宮崎商戦では九回十奪三振を奪う好投を見せ、一六一球の完投勝利を飾ってその存在感を見せつけると、二回戦の健大高崎戦では、前年の秋の関東大会を制覇し打力で勝ち上がってきたチームを九回二安打完封に抑える圧巻のピッチングを見せつけたのである。

この大会で達が見せたのは、現代的な投手が持つピッチングスタイルだった。試合後のリモートインタビューでは、記者席でも話題になるほど高いレベルの話をしたのである。達の口からは、「回転数」「シュート成分のストレート」「ドジャースのカーショウのようなイメージ」などの言葉がさらりと出てきた。

達のこの日のストレートは最速一四八キロを計測したが、フォーシームのストレートと、シュート成分の強いストレートとを投げ分けていた。そのため打者はストレートと思っても差し込まれる場面が目についたのだが、それは微妙な違いを加えていたからだ。フォークも二種類あり、空振りをとるためのものと、カウントを整えるためのものを使い分ける。こちらも投げ方を工夫している。

遮二無二ボールを投げ込むのではなく、回転数のいいストレートを軸としながら、二つのフォークを効果的に使い分け、時折スライダーを織り交ぜていた。達のピッチングには、肉眼では見分けがつかないくらいの繊細な工夫が施されていた。

詳しく話を聞いていくと、達は親に頼み込んでラプソードを個人購入していた。メジャーを目指す上でも、前年からの成長を遂げる意味でも、自分に変化が必要だと考えた達は、メジャーリーガーがどのようなスタイルで自身を作り上げているかを調べ上げて、自分なりの新しい投手像を作り上げていたのだ。

　達は健大高崎戦をこう振り返っている。

「フォークはどちらも握りは一緒にしているのですが、カウントを取るフォークは、イメージはカーブみたいな感じで、上に抜くように投げています。カーショウが投げているカーブみたいにイメージしています。去年の秋は、二種類のフォークのイメージを変えるというより落とす位置を変えていただけですけど、今年は少し異なります。三振を取るフォークはストレートとシュート成分を同じにして偽装しています。シュート成分を一緒にして落差を少なくすれば、打者はストレートだと感じる。ストレートのシュート成分の方は投げ方を少し変えていて、これはダルビッシュさんが言う『ラリアット投げ』をしています」

　達はテクノロジーを駆使して、自身のピッチングスタイルを作り上げている。多くの高校球児は指導者が言うことを悪い意味で鵜呑みにし過ぎてしまうところがある。それが時に思考停止につながるが、達にはそうした要素がない。もっともこれにはチームの理解があることも忘れてはいけない。チーム単位の練習に加えて、独自の取り組みがあるからできることだろう。

情報が溢れる現在、中・高校生がスマホを持つことの危険を口にする大人は少なくない。しかし、視聴率を目的とした確かではない情報を垂れ流すテレビ番組を当たり前のように受け入れていた時代の方がましだった、とは言えないだろう。情報は一方通行ではなくなった。その選別をする難しさはあるが、スマホでも使い方を間違えなければ、貴重な情報が簡単に得られる。達は情報のアンテナを張り巡らして、たくさんのことを財産としている。

彼の口からたびたび発せられるメジャー選手の特徴や、ダルビッシュ発言の捉え方を聞いていると、知り得ている情報に深さがあり、それら全てが彼にとっての成長要因となっているのだろうと感じる。

達について「メジャーへの憧れがある特別な選手」と一言で言ってしまえば簡単だが、達はただの憧れだけで夢を語っているのではなく、将来を見据えている。メジャーリーグの投手がなぜあれほどのピッチングができるのか。世界最高峰で勝つためには何が必要か。それを自分の中で理解している。その上で自分が何をすべきかを明確にして、常に高いところを目指している。高校球児にして、その領域に達したというわけである。

時代は確実に新しくなっている。野球のサイエンス化が進み、それを活用するためのテクノロジーが発達し、選手たちは日々進歩を続けている。チームや組織だけに頼る時代はとうに過ぎ、現在の成功者たちは自身で情報を摑んで前に進んでいる。そして、それは高校球児にまで及んでいる。

二〇二一年六月、甲子園を懸けた最後の夏を前にしたインタビューで、達はこんなことを話している。

「僕にとっては、この夏の大会が終われば全て終わるわけじゃない。夏までに一五〇キロを出すことを目指していますけど、一年間を通してその数字を出していければと思っています。だから、自分の今持っているものをどんどん磨いていって高めていくのが今の目標です。メジャーにいくにも、自分の目標を叶えるためにも、夏が終わってからが本当の勝負。自分の考えるトレーニングもできるだろうし、まだまだ成長できると思っています」

二〇二一年に注目される高校球児には、将来を嘱望された投手たちがたくさんいる。市立和歌山の小園健太、中京大中京の畔柳亨丞、高知の森木大智などである。その中に、先進的な取り組みをする選手が登場したというのも時代の流れであろう。甲子園も、高校野球も、新しい時代が始まっているのだ。

おわりに

二〇二〇年、世界中をパンデミックに巻き込んだ新型コロナウイルスは、現代を生きる我々に様々な思考の変化を生み出した。自粛生活を余儀なくされる中、社会の生活様式が変わり、人と人との関わりも様変わりした。

第2章で取り上げた明秀日立の金沢成奉監督のマインドの変化は、コロナ禍によって引き起こされたものだった。このウイルス禍から何を学ぶかは人それぞれだろうが、高校野球の指導者、それも金沢のようなベテラン監督が変革を起こしたことの意義は大きい。世間がどれほど高校野球の変化を感じているかは分からない。ただ、筆者としては、変化を起こす人間が出てきたとしても、この流れを伝えていかないことには高校野球は変わらないのでは、という想いがある。

二〇一九年の佐々木朗希の登板回避から始まった高校野球の変革の流れ。それは、「高校野球はこのままでいいのか」と疑問を抱いていた人たちの背中を押すことにもなっただろう。

第8章で紹介した天理の達孝太投手が、二〇二一年のセンバツでベスト4に進出したことはすでに書いたが、達投手は実は準決勝戦で登板を回避している。準々決勝で脇腹を痛めたことが登板回避につながっているが、それでもエースが痛みをこらえて登板するということを繰り返してきた甲子園の歴史を振り返れば、大きな変化だ。これも佐々木の登板回避の一件からのつながりにあると私は受け止めている。

登板回避をした際の達の言葉は、極めて本質的である。

「今日一日だけでよければ投げることはできました。でも、僕は長く野球をやりたい。メジャーリーグを目指しているので、無理して頑張るのはこの試合じゃないと思いました」

優勝を目前にして登板を回避。その理由の一つに「将来」を語る高校球児が現れた。

「みんなと最後まで全力で」

「今日が野球人生の最後になってもいい」

かつての球児が口にしたような、熱量優先の発想はもう終わりを迎えているのかもしれない。

変わりつつある時代とどう向き合うかは、選手・指導者、そして高校野球に関わるもの一人ひとりが考えるべきことだろう。情報が多い今の時代は若い世代の方が収集能力に長けているところもある。ややもすると大人たちは置いていかれかねない。

新型コロナウイルスによって社会は変化したが、現代人はさらなる変革を求められているように感じる。現状、生活様式の変化は至る所で起きており、それが続いている。かくいう私も、生活を一変させたうちの一人だ。

甲子園中止やプロ野球の開催延期・短縮、それに伴う取材規制があり、活動が大きく制限された。ただ、その中で考える時間、学ぶ時間は圧倒的に増えた。

二〇二〇年四月から YouTube チャンネルを開設した。撮影の仕方、編集方法、自身のブランディングなど、何もかもが初体験のものばかりで、たくさんの先達の発信を聞いて、見よう見まねで悪戦苦闘してきた。おかげでチャンネルに広告がつくまでにたどり着いた。

チャンネルづくりを続ける中で、自分が今まで見ようとしなかった世界も見えてきた。ジャーナリストは、仕事を依頼されて記事を書くこともあるが、比較的、自由に発言できる。悪い言い方をすれば、こちらの意見に異論があるものがいるとすれば、それはこちらに問題があるのではなく、受け取り方の問題だくらいに思っていた。

しかし、YouTube チャンネルで自分を売り出していく中で気づいたのは、「情報としての価値を認識して他者に届ける」というマインドだった。

私は今、YouTube 以外に、音声ＳＮＳメディアの「stand. fm」でラジオの配信も行っている。また、「野球指導者のためのオンラインサロン」も立ち上げ、こちらでは自身の取材経験をもとに、指導に悩む指導者たちへの「コンサルティング」のような配信を行っている。

個人的には、時代が変わりゆく中で、時代に即した生き方ができているという実感がある。とはいえ、スポーツ界や野球界は、こうした世間の動きへの反応は鈍かったように思う。目先だけの成果や見栄えの良いものにすぐに飛びつき、その背景や思想を理解することをせず、単に有名なものを信仰する傾向がある。

今回の出版にあたって私が意識したのは、真実をきっちり届けることはもちろんだが、新しい変革のムーブメントが、この旧態依然とした野球界、特に高校野球界でも始まっていることを伝えることである。進んでいる人たちは進んでいるし、変われる人から変わっているのだ。それは、私自身が新しいフィールドに足を踏み入れて知ったことだった。

スポーツの世界にいると分からないくらい、世界はどんどん進んでいるし、日本国内でもしっかり根を張って活動を広げている人たちがいる。変革への息吹を感じていなければ、時代に取り残されていくだけで、気づいた時には遅かった——。そういう時代はすでに始まっているのだ。

前作に続いて、たくさんのアドバイスを下さり背中を押してくれた新潮新書編集部の横手大輔さんには感謝申し上げたい。新型コロナウイルスの蔓延、第三、第四波により移動を制限されたために、取材がなかなか進まず、最後は急ピッチでの仕上げになった。にもかかわらず、危機感を感じさせない暖かい言葉で支えてくれたことに感謝を述べたい。

また、本書はアスリート、そしてスポーツの〝リアル〟を伝えるＷｅｂメディア『REAL SPORTS』で連載した原稿をベースにして書き上げたものである。企画書が出来上がってもすぐにゴー・サインをくれるメディアが少ない中、二つ返事で協力してくれたREAL SPORTS編集部の野口学氏にもお礼を申し上げたい。

現在、私が運営する「野球指導者のためのオンラインサロン」のメンバーにもありがとうと言いたい。サロンメンバーはそう多くいるわけではないが、これまでと違う形の発信ができることは、私自身のジャーナリストの領域を広げるきっかけになった。

一方、私自身も現在、二つのオンラインサロンに入会している。両方のサロンで得られたのは思考の変化、たくさんの方との出会いだった。これこそ今の時代に即した出会いであり、人との関わり合いだった。四十歳を超えてなお、学校に入学した気分になれたことは刺激になり、今回の書籍に少なくない影響を与えてくれたのは間違いない。

二〇二〇年八月、私には新しい家族が誕生した。甲子園を長く追いかけてきた私の子がこの時期に生まれるとはただ苦笑いしかないが、日本のスポーツや教育のあり方を考えたときに、自分の子どもたちがやがて受けることになる教育がもっと良いものになって欲しいという思いはより強くなった。子育てを経験しなければ浮かばなかった感情が生まれたのもまた事実である。二人の子どもにはありがとうと言いたい。

新型コロナウイルスによって、たくさんのことが制限されたが、その一方で、今までとは違う形で人との関わりが増えた。そして、その中でマインドの変化が生まれたことは、これからの日本にとって大きな変革のきっかけになるに違いない。

日本のスポーツはもっとよくなる。本書の執筆を通して感じたことだ。本書が、時代に変革を促す人々の一助となれば幸いである。

二〇二一年七月

氏原英明

野球指導者のための
オンラインサロン
ORコード

氏原英明　1977（昭和52）年ブラジル生まれ。スポーツジャーナリスト。奈良新聞勤務を経て独立。著書に『甲子園という病』、執筆協力に菊池雄星著『メジャーをかなえた雄星ノート』などがある。

Ⓢ新潮新書

920

甲子園《こうしえん》は通過点《つうかてん》です
勝利至上主義《しょうりしじょうしゅぎ》と決別《けつべつ》した男《おとこ》たち

著　者　氏原英明《うじはらひであき》

2021年8月20日　発行

発行者　佐藤隆信

発行所　株式会社新潮社

〒162-8711　東京都新宿区矢来町71番地
編集部(03)3266-5430　読者係(03)3266-5111
https://www.shinchosha.co.jp
装幀　新潮社装幀室
図表作成・組版　新潮社デジタル編集支援室

印刷所　株式会社光邦

製本所　株式会社大進堂

ISBN978-4-10-610920-1　C0275

価格はカバーに表示してあります。